経済

用語

図鑑

大和証券投資戦略部 **花岡幸子** 著
浜畠かのう イラスト

WAVE出版

はじめに

「貯蓄から投資へ」の流れが着実に進む中、「経済とは何か？」を知ることの重要性は、ますます高まっているように思います。

経済の知識、つまり経済学が投資に役立つのはもちろんです。しかし実は、新聞、テレビ、インターネットなどで目にするニュースや、日々の私たちの生活を取り巻くものすべてが経済なのです。つまり経済学は、明日や来週の天気、来年の夏は暑いのかな、といったことを気にするのと同様、身近なものなのです。「野菜の値段が最近高いのはなぜだろう？」、「年末年始は旅行代金が高いよね」、「減産するって言っているけれど、原油価格は高騰するのかなあ？」等々、すべて経済に関わる事象です。

たとえば、モノの値段はどのように決まるのでしょうか。

消費者側は安く買いたい、売り手側は値引きしないで高く売りたいとせめぎ合いが行われています。そこで、需要と供給の関係を知ると落ち着きどころがわかります。どちらの立場が強いかで値段が上がったり下がったりすることを理解したうえで、改めて値段というものを見てみると、いろいろなことがわかってきます。

経済学は、こうした世の中の事象や動きをどう考えたらいいのかに対する、ヒントを与えてくれるのです。

天気予報を見る時、低気圧や高気圧、台風が大きいか小さいか、などがわかる方は多いと思います。経済学も基本的な知識があると、日々のニュースや出来事がもっとよく理解できるようになります。

こうした面白さを知っていただくため、本書はイラスト入りで具体例を織り交ぜながら、できるだけわかりやすい文章で、経済学を楽しく理解し

てもらうことに主眼を置いた構成になっています。

　最初から読んで頂ければ、経済学の概要から理解できますが、どこから読んで頂いても構いません。また、その単語に関連した重要ワードに飛べるよう、ページ番号が振ってありますので、より深くその単語を理解できます。さらに、調べたい単語を引けるよう、巻末にINDEXも掲載しました。

　本書を読んでみて、「身の回りにこういう事象があったな」と思えればしめたものです。一歩進んで、次にどうしたらいいかを考え、最善の選択をする経済の知恵を身につけることができるでしょう。健康で豊かな生活を送るために、食事に気をつける、ウォーキングを行う、等を実行している方は多いと思います。さらに人生を豊かにするために、経済学も取り入れてみませんか？

　最後になりましたが、本書の企画の趣旨に賛同いただいたWAVE出版の玉越直人代表取締役社長、編集の労を尽くしていただいた設楽幸生氏に紙面を借りて心より感謝申し上げます。

2016年11月
大和証券投資戦略部　花岡幸子

経済用語図鑑　もくじ

● はじめに 2

第1章 経済学って何だろう？ 10

- 経済学 12
- 希少性 12
- 財・サービス 13
- ニーズと欲求 14
- 最適化行動 15
- 生産要素 15
- インセンティブ 16
- 価値 16
- 価値の逆説 17
- 効用 18
- 富 19
- 家計 19
- 市場 20

- 経済循環 20
- 経済主体 21
- 自由市場経済 21
- 経済成長と生産性 22
- 分業 23
- 特化 24
- トレード・オフ 25
- 費用 25
- 機会費用 26
- 株式会社 27
- 生産可能性フロンティア 28
- ミクロ経済学 30
- マクロ経済学 30

第2章 ミクロ経済学 32

- 需要と供給 34
- 需要 35

- 供給 35
- 需要の法則 36
- 供給の法則 36
- 需要曲線 37
- 供給曲線 38
- 需給均衡（均衡点） 39
- 需要の弾力性 40
- 供給の弾力性 41
- 単位弾力的 42
- 限界効用 42
- 限界効用逓減の法則 43
- 限界費用 44
- 所得効果 45
- 代替効果 46
- 正常財（上級財） 47
- 劣等財（下級財） 48
- 代替財 49
- ギッフェン財 50
- 補完財 52
- 企業 52
- 限界生産物 53
- 3つの生産段階 54
- 限界生産逓減の法則 56
- 生産関数 58
- 限界分析 58
- 費用曲線 59
- 総費用 59
- 固定費 60

- 変動費 61
- 総収入 62
- 限界収入 62
- 損益分岐点 63
- 可変比率の法則 64
- 減価償却費 65
- 利潤の最大化 66
- 利益最大化生産量 68
- プライステイカー 69
- 完全競争市場 70
- 生産者余剰 72
- 消費者余剰 73
- 社会的余剰 74
- 不完全競争 74
- 資源配分 75
- パレート最適 76
- レント 77
- ローレンツ曲線 78
- ジニ係数 80
- プライスメーカー 81
- プライスリーダー 82
- 独占度（マージン率） 84
- 独占 85
- 寡占 85
- 独占的競争 86
- カルテル 88
- 市場の失敗 89
- 外部経済 90

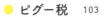

- 外部不経済　91
- 独占禁止法　92
- 同質財　92
- 差別財　93
- ゲーム理論　94
- ナッシュ均衡　95
- 囚人のジレンマ　96
- フォークの定理　98
- 市場の外部性　99
- 生産理論　99
- 価格　100
- 市場均衡　100
- レッセ・フェール　101
- 夜警国家　102

- ピグー税　103
- 公共財　104
- 私的財　104
- コースの定理　105
- モラル・ハザード　108
- 割引現在価値　109
- 情報の非対称性　112
- サミュエルソンの公式　114
- 需給ギャップ　116
- 価格の自動調節機能　117
- 市場価格　118
- 均衡価格　118
- 市場メカニズム　119

第3章 マクロ経済学 120

- GDP（国内総生産）　122
- GNP（国民総生産）　124
- NDP（国内純生産）　125
- NNP（国民純生産）　125
- SNA（国民経済計算）　126
- フロー　128
- ストック　128
- 名目GDP　129

- 実質GDP　130
- GDPデフレーター　131
- 1人あたりGDP　132
- NI（国民所得）　133
- 物価　134
- 物価指数　134
- 消費者物価指数（CPI）　135
- 企業物価指数（CGPI）　138

- 生産者物価指数（PPI） 139
- 経済成長 140
- 経済成長率 140
- 名目経済成長率 141
- 実質経済成長率 141
- 最終生産物 142
- 中間生産物 142
- 所得 143
- 生産国民所得 143
- 分配国民所得 144
- 支出国民所得 144
- 所得の再分配 145
- 累進課税制度 146
- 三面等価の原則 148
- 貨幣 152
- 金融 152
- 銀行 153
- 中央銀行 154
- 付加価値 155
- インフレーション 156
- ハイパー＝インフレーション 158
- デフレーション 159
- デフレスパイラル 160
- スタグフレーション 161
- バブル経済 162
- 準備預金制度 164
- 有効需要の原理 165
- 負の所得税（正の所得税） 166

- IS-LMモデル 168
- 消費関数 172
- 乗数効果 176
- 財政赤字 179
- ビルト・イン・スタビライザー 180
- クラウディング・アウト効果 182
- 流動性の罠 184
- 公債 186
- ハイパワード・マネー 187
- リカードの中立命題 188
- バローの中立命題 190
- 信用創造 192
- 労働市場の均衡 194
- 景気 196
- 景気動向指数 197
- 景気循環 198
- ミザリー指数 199
- 総供給 200
- 総需要 200
- 総供給曲線 201
- 総需要曲線 202
- 供給サイド経済学 203
- 需要サイド経済学 204
- マネタリズム 205
- セイの法則 206
- ラッファー曲線 208
- 合成の誤謬 209
- 円高 210

- 円安 212
- 量的緩和 214
- 労働価値説 216
- 限界革命 218
- 行動経済学 220
- 絶対的剰余価値 222
- 相対的剰余価値 224
- 流動性選好説 226
- 資産効果 228
- キチンの波 230
- ジュグラーの波 232
- クズネッツの波 233
- コンドラチェフの波 234

第4章 国際経済学 236

- 輸入品 238
- 輸出品 238
- 絶対優位 239
- 比較優位 240
- 関税 242
- 輸入割当制 242
- 保護関税 243
- 財政関税 244
- 外国為替 245
- 外国為替相場 245
- 変動為替相場 246
- 固定為替相場 246
- 貿易 247
- 垂直貿易 248
- 水平貿易 248
- 国際分業 249
- 自由貿易 250
- 保護貿易 250
- 貿易黒字 251
- 貿易赤字 251

第5章 経済史 252

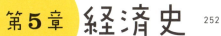

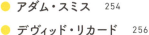

- アダム・スミス 254
- デヴィッド・リカード 256
- トマス・マルサス 258
- ジョン・スチュアート・ミル 260
- カール・マルクス 262
- アルフレッド・マーシャル 264
- ジョン・メイナード・ケインズ 266
- ヨーゼフ・シュンペーター 268
- ライオネル・ロビンズ 270
- フリードリヒ・ハイエク 272
- ポール・サミュエルソン 274
- ミルトン・フリードマン 276
- ゲーリー・ベッカー 278
- トマ・ピケティ 280
- 重商主義 282
- 古典派経済学 284
- 新古典派経済学 286
- 新自由主義 288
- リバタリアニズム 290
- 世界恐慌 292
- リーマン・ショック 294

● INDEX 296

装丁＋本文デザイン
坂川栄治＋鳴田小夜子
（坂川事務所）

第1章 経済学って何だろう？

第1章 経済学って何だろう？

経済学 [Economics]

人々が財（モノ）・サービス[p13]を欲しいと思っても、好きな分だけ手に入れるのは不可能。しかしその欲求を、どう満たしていくのかを研究する学問のこと。

経済は人生や生活のあらゆる局面に関わってくるため、経済学を学ぶということはすなわち、世の中を理解するということにつながる。

希少性 [Scarcity]

人々が欲しいと思っただけの充分な資源を、社会がもっていない状態のこと。

❶ 日本中の人がりんごを食べたいと思っても……。　❷ そんなに沢山収穫できない。

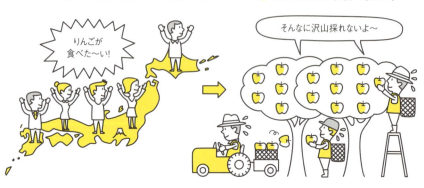

したがって、限られた資源であるりんごは、希少性があるといえる。

財・サービス [Goods & Service]

個人や企業[p52]などが、対価を払っても手に入れたいと思うモノのこと。形のあるものは財とよばれ、目に見えないものはサービスという。財は大きく分けて4つに分類される。

消費財
最終的に個人が自分で使う財。

資本財
他のモノを作ったり、サービスを提供したりするために使われる財。

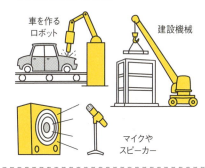

耐久財
長期にわたり使える財。

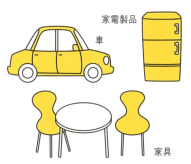

非耐久財
使用するごとになくなる財。

サービス

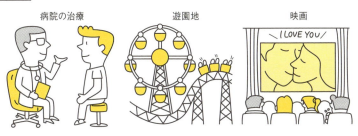

ニーズと欲求 〔Needs & Wants〕

ニーズとは、生存のために必要不可欠なもののこと。

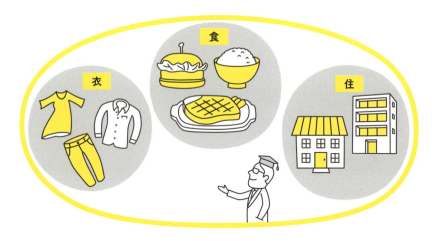

欲求はニーズを満たす手段。

左の絵のように、食物であれば何でも、生きていく上でのニーズを満たしてはいる。しかし欲求は「天ぷらを食べたい、うなぎを食べたい、お寿司を食べたい……」というように非常に多岐にわたる。よってニーズを満たしたからといって欲求を満たすとは限らない。

最適化行動 〔Optimizing Behavior〕

消費者、生産者のような市場[p20]に参加する人は、合理的な行動を取ること。

経済学[p12]は、最適化行動を取ることを前提としている。安く買えるのに、わざわざ高い財・サービス[p13]を買ったり、高く売れるのに、わざわざ安く売るといった、合理的でない行動は想定していない。

生産要素 〔Factors of Production〕

財・サービス[p13]を生産するのに必要な資源を指す。通常は以下の4つがある。

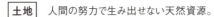

第1章 経済学って何だろう？

インセンティブ ［Incentive］

意思決定を行う人の行動を変化させる、誘引や動機づけのこと。代表的なインセンティブは価格[p100]である。

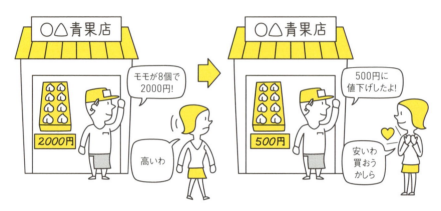

価格を下げると、今まで買おうと思わなかった人も、買ってみようという行動を引き起こす。

価値 ［Value］

市場[p20]で決まる財・サービス[p13]の値打ちのこと。金銭によって測られ、価格[p100]という形で現れる。

価値の逆説 〔Paradox of Value〕

必要性が高いから価値[p16]をもつとは必ずしも言えず、必要性と価値との間に矛盾があること。

1. 水は人間にとって必要不可欠。
2. 日本は水資源が豊富。
3. 水が安い。

希少性が低い

1. ダイヤモンドが無くても生きていける。
2. だが、どこにでもあるものではない。
3. だから高い。

希少性が高い

効用 [Utility]

財・サービス[p13]が価値[p16]をもつためには、希少性[p12]だけでは不充分で、「効用」（満足感）を提供する作用があることが大前提となる。

① 水は生きていくために必要であることから、万人にとって効用（満足感）がある。

② ダイヤモンドやエメラルドといった宝石は、それを欲しい人には効用（満足感）がある。

③ だが、宝石を欲しいと思わない人は、欲しいと思う人と同じ位の効用（満足感）はない。

効用がないと考える人にとっては、いくら希少性が高くても価値はない。効用があったうえで、希少性があれば、価値が高くなる。

富 [Wealth]

効用[p18]があり、かつ希少性[p12]があり、ある人から他の人に移転可能な生産物の蓄積のこと。

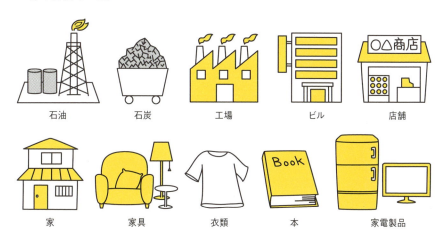

家計 [Household]

民間（消費者）部門の基本的単位。1軒の家やマンション、アパートに住んでいる、生計を共にするすべての人から構成されている。

第1章 経済学って何だろう？

市場 [Market]

買い手と売り手が財・サービス[p13]を交換できる機能・場所のこと。原則的に、「市場価格」など、経済的な機能を表す場合は「しじょう」と読み、「魚市場」など場所を表す場合は「いちば」と読む。

経済循環 [Economic Cycle]

財・サービス[p13]の生産や消費といった一連の経済活動は、家計[p19]、企業[p52]、政府といった経済主体[p21]で分担され、その成果は貨幣[p152]を通じて交換される。この経済活動の循環のこと。

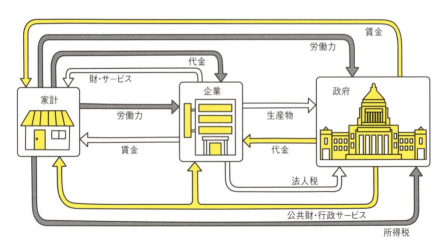

この循環においては、財・サービスと貨幣を交換する機能・場所である市場[p20]が重要な役割を果たしている。

経済主体 〔Economic Agent〕

生産、流通、消費といった経済活動を行う単位で、家計[p19]、企業[p52]、政府を指す。

消費者、生産者、個人など様々なグループを経済主体としてとらえることもある。

自由市場経済 〔Free Market Economy〕

家計[p19]や企業[p52]が買いたい、売りたいと思った財・サービス[p13]を自由に取引できる市場[p20]のこと。政府や権力などが介入せずに、需要と供給[p34]のバランスしたところで価格[p100]が決定する。

経済成長と生産性
[Economic Growth & Productivity]

経済成長とは、ある国の財・サービス[p13]の総生産量が、時間の経過と共に増加すること。この経済成長を左右するカギの1つが生産性であり、生産性が高まることで経済成長が可能となる。

❶ ある企業は、1日に1000本のボールペンを生産している。

1日……1000本
2日……2000本
3日……3000本
　⋮
50日……50000本

❷ 従業員が、機械のメンテナンスを行った。

❸ すると、1日1200本のボールペンを作れるようになった。

1日……1200本
2日……2400本
3日……3600本
　⋮
50日……60000本

2割も生産性が上がったことにより、生産量が増加し、経済成長に結びつく。

分業 〔Division of Labor〕

複数の人間が役割を分担することで、1人の行う作業の種類が、以前より少なくなること。

1 たとえば、ある工場で10人が働いていたとする。
以前この工場では、10人で全部の工程を担当する作業方法を取っていた。

2 しかしこの工場では、上記の作業方法だと効率が悪いので、
10人の割当を決めて作業をするという、新しい作業方法を取り入れた。

4つの工程を10人全員で担っていた従来のやり方より、10人の割当を決めて、1工程に集中したほうが生産性[p22]は向上すると考えられる。

第1章 経済学って何だろう？

特化 [Specialization]

他よりも得意なこと（分野）に集中すること。特化には、大きく3つが挙げられる。

① 工場などの生産工程で、担当者を決めて仕事をこなしていく（分業[p23]）。

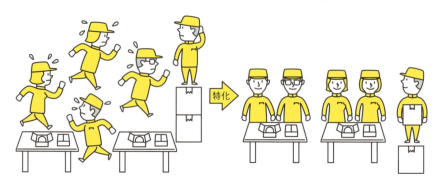

② 企業間での特化の場合は、自社が得意とする技術を活かし、1つの商品に生産を集中させる。

③ 国家レベルでの特化の場合は、一番効率的に生産できるものを重点的に生産する。

トレード・オフ [Trade-off]

色々ある選択肢の中から何かを選ぶと、何か別の選択肢をあきらめなければならない関係のこと。

費用 [Cost]

欲しいと思った財・サービス[p13]を手に入れるために必要となる対価のこと。

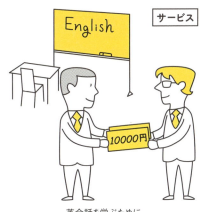

機会費用 〔Opportunity Cost〕

通常、欲しいと思った財・サービス[p13]を手に入れようとする際、様々な選択肢の中から1つを選ぶ。その時、その選択をせずに別の選択をしたら得られたであろう価値[p16]のこと。

● 個人の場合……「遊園地に行くか、バイトを休むか？」

バイトで1万円稼げたのに、遊園地に行ったことで、その便益を犠牲にした。つまり、1万円の機会費用が生じたことになる。

● 企業の場合……「1000万円かけて機械を導入するか、人を採用するか？」

機械を導入したことで、人を採用したことで得られる価値を犠牲にしているという意味で、機会費用が発生していることになる。

株式会社 [Corporation]

株式を発行して、会社に必要な資金を集める会社のこと。投資家は株式を購入することで株主となり、会社に対して株式の持ち分に応じた所有権をもつ。

● 株式会社にするメリットは大きく5つある。

① **資金の調達がスムーズにできる。**
資金が必要な場合には、株式を発行して調達する。借入金のように返済の必要がない。

② **株主は、出資した事業の専門家でなくていい。**
プロの経営者に、企業運営を任せられる。

③ **株式の所有者が変わっても会社は存続する。**

④ **株主は負債に対しては責任を負わない（株主有限責任）。**
株式に投資した資金の範囲内のみの責任となるため、会社が破たんしても出資した資金が損失の最大額となる。

⑤ **株式の所有権を移転するには、株式を売却するだけでいい。**

第 1 章 経済学って何だろう？

生産可能性フロンティア
[Production Possibilities Frontier]

ある国がもっているすべての資源を、もっとも効率よく使って生産した時に、得られる財（サービスも含む）[p13]の組み合わせを表したグラフ。
資源は限られているので、ある財の生産を増やそうとすると、他の財の生産を犠牲にしなければならず、ある財の生産を増やしていくと、他の財の生産量は減少していくという関係にある。

❶ たとえば、Aという国が、「自動車」と「米」の2つの財だけを作っているとする。

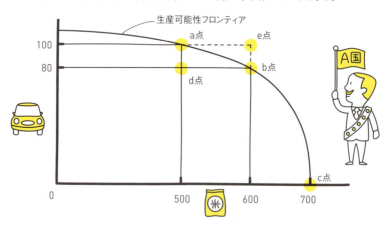

❷ 全資源を利用すると、A国では100の車と500の米を作れる（a点）。
また、車の生産を80に減らして、米の生産を600にもできる（b点）。もしくは、車を一切作らず、米だけを700作ることもできる（c点）。もしくは、フロンティアの内側で、80の自動車と500の米を作るという選択肢も取れる（d点）。しかし、100の自動車生産を維持したまま、600の米を作ろうとしても、資源が足りず作れない（e点）。

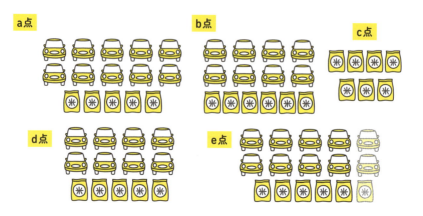

❸ 今A国が、a点で生産をしているとして、b点へ移動を考えているとする。
　b点に移動すると、米が追加で100生産することができるが、20の車が製造できなくなる。この製造できなくなる分が**機会費用**[p26]である。

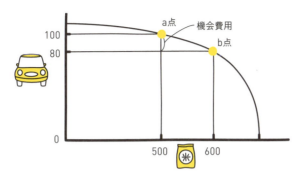

❹ また、生産可能性フロンティアの内側で生産されているときは、有効活用されていない資源が存在していることになり、この資源を「**遊休資産**」と呼ぶ。このA国の場合、米の生産がb点の600から、e点の500に落ちたとしたら、遊休資産の機会費用は、失われた米の生産量100となる。

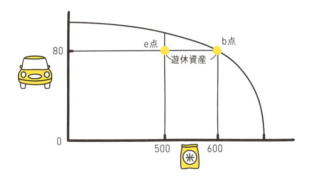

❺ また技術革新などで生産可能性フロンティアが外側に移動することを「**経済成長**」[p140]という。

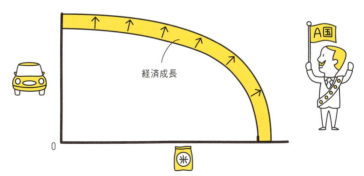

第 1 章 経済学って何だろう？

ミクロ経済学 [Microeconomics]

家計[p19]や企業[p52]といった、小さな単位の行動や意思決定を扱う経済学[p12]のこと。様々な財[p13]をどの位生産し、どのように価格[p100]が決まり、どう配分するか、意思決定はどのようにして行われるのか、といったことを分析する。

マクロ経済学 [Macroeconomics]

国や地域全体といった大きな視点から、消費や投資はどう決まるのか、政府の役割はなにか、といった経済のメカニズムを分析する学問のこと。

Microecono

第 2 章 ミクロ経済学

需要と供給 〔Demand & Supply〕

「トウモロコシやトマトなどの農産物の価格は、どうして夏に下がるのか？」
「絵画の値段が、画家が亡くなった後に高くなるのはなぜか？」
こうした疑問は需要と供給の関係で説明できる。そもそも価格[p100]は次のようにして決まると考えられる。買い手は少しでも安い値段で買おうとし、売り手は少しでも高い値段で売ろうとするだろう。

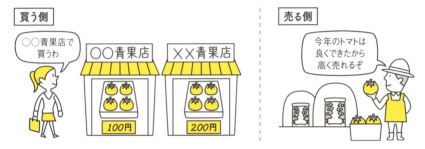

価格は需要側（買い手）と供給側（売り手）が歩み寄ったところ、すなわち需要曲線[p37]と供給曲線[p38]の交わるところで決まる。

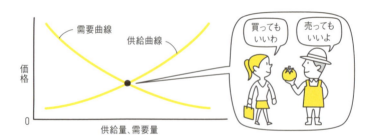

農作物は、夏には売りたい人が増える（供給が増える）。また画家が亡くなると、その画家の描いた絵画は、新たには出てこなくなる（新たな供給がなくなる）。

価格の変化は、こうした需要や供給の増減によって生じる。

需要 [Demand]

財・サービス[p13]を買いたいと思い、その代金を払う意思と能力があること。

供給 [Supply]

売り手が販売を目的として、市場[p20]で売りに出す財・サービス[p13]、またはその量のこと。

需要の法則 [Law of Demand]

消費者が財・サービス[p13]を購入する際、価格[p100]が変わると購入する数量が変化すること。

このように、値段が上がれば購入量が減り、値段が下がれば購入量が増える。すなわち需要量と価格は、反比例の関係にある。

供給の法則 [Law of Supply]

生産者（供給者）は、生産（販売）している財・サービス[p13]の価格[p100]が変化すると、生産（販売）量を変化させる法則のこと。

● ある飲食店で時給1000円、1日2時間のバイトしているAさんの場合。

・店が人気になり人手不足、時給が1500円になり、3時間働くことにした。

・店が不人気になり時給が500円。バイトを減らして勉強時間を増やした。

このように、財・サービス（この場合、労働力というサービス）の値段が上がると、供給量を増やそうとし、下がれば減らそうとする。つまり供給量と価格は同じ方向に動く。

需要曲線 〔Demand Curve〕

ある価格[p100]に対して、需要[p35]がどれだけあるのかをグラフにしたもの。ある特定の人の需要を表したグラフを、個別需要曲線という。

● りんごの値段が変わると、Aさん、Bさんの購入数はどう変わるか？

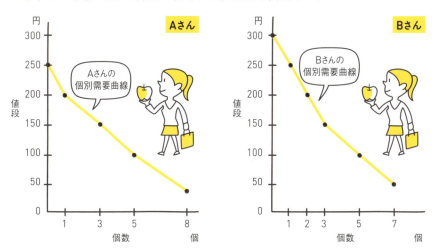

また、その財・サービス[p13]の購入に関心のある、すべての人の需要量を示したグラフは、市場需要曲線という。ここでは市場[p20]において、りんごを買う意思と能力があるのが、AさんとBさんだけだとする。

● りんごの値段が変わると、市場における購入数はどう変わるか？

値段	Aさん ＋	Bさん ＝	市場
300円	0	0	0
250円	0	1	1
200円	1	2	3
150円	3	3	6
100円	5	5	10
50円	8	7	15

価格が下がると需要量が増えるので、需要曲線は右下がりのグラフとなる。

供給曲線 [Supply Curve]

ある価格[p100]に対して、供給[p35]がどれだけあるのかをグラフにしたもの。ある会社の供給を表したグラフを、個別供給曲線という。

● りんごの値段が変わると、りんごを作ってるC社とD社の供給数はどう変わるか？

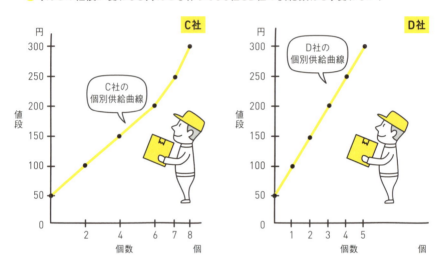

また、C社、D社以外にも、りんごを生産するすべての会社の供給量を示したグラフを、市場供給曲線という。ここでは、市場[p20]においてりんごを生産する意思と能力があるのは、C社とD社だけだとする。

● りんごの値段が変わると、市場における供給数はどう変わるか？

値段	C社	D社	市場
300円	8	5	13
250円	7	4	11
200円	6	3	9
150円	4	2	6
100円	2	1	3
50円	0	0	0

価格が上がると供給量が増えるので、供給曲線は右上がりのグラフとなる。

需給均衡（均衡点）
[Equilibrium of Demand & Supply]

市場経済では財・サービス[p13]の、市場[p20]における供給量と需要量が等しいところで、価格[p100]が安定する。その2量の交わる点のこと。

● りんごの市場需要曲線

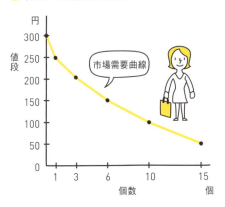

● りんごの市場供給曲線

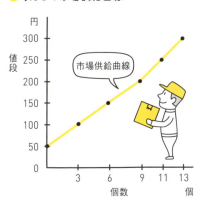

● この2つの曲線を重ねると、需給均衡点は以下の矢印になる。

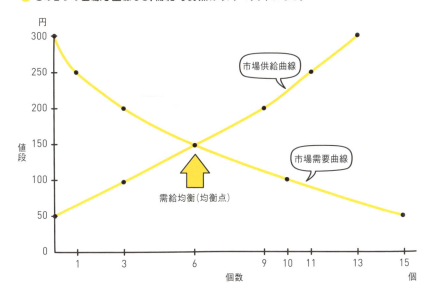

需要の弾力性 [Demand Elasticity]

価格[p100]の変化によって、需要量がどのように変化するのかを示す言葉。消費者が価格の変化に対して、どれくらい敏感であるのかを見るときに使う。

● 需要が弾力的　　　　　　　● 需要が非弾力的

● たとえば、みかんは弾力的か非弾力的か？

みかんの代替財[p49]は多いので、消費者は価格に対して敏感である

みかんは弾力的

● 食塩は弾力的か非弾力的か？

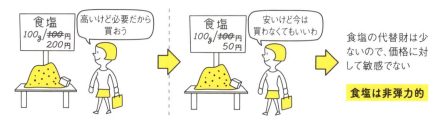

食塩の代替財は少ないので、価格に対して敏感でない

食塩は非弾力的

供給の弾力性 〔Supply Elasticity〕

価格[p100]の変化によって、供給量がどのように変化するのかを示した言葉。生産者が価格の変化に対して、どれくらい敏感であるのかを見るときに使う。

● 供給が弾力的 供給が非弾力的

● たとえば、引っ越しのアルバイトは弾力的か非弾力的か？

● 白菜は弾力的？ 非弾力的？

単位弾力的 〔Unit Elastic〕

需要[p35]の変化の割合が、価格[p100]の変化の割合とほぼ等しい時、需要は単位弾力的であるという。

1 価格が10％下がったら……。　**2** 需要が10％増加した。

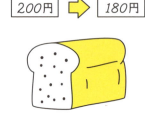

上記の場合、このパンの需要は単位弾力的であると言う。

限界効用 〔Marginal Utility〕

「限界」とは「今を基準にしてどう変わったか？」という意味。財・サービス[p13]を購入することによって得られる、有用性や満足量のことを効用という。

1 1杯目のジュース　**2** 2杯目のジュース　**3** 3杯目のジュース

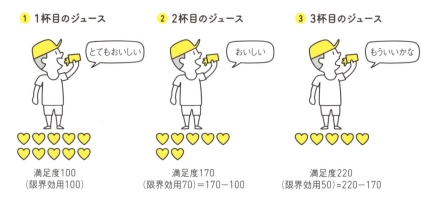

つまり、ある財・サービスを1単位購入することによって得られる、追加の有用性や満足量を限界効用という。

限界効用逓減の法則
[Law of Diminishing Marginal Utility]

1単位増えるごとに、得られる満足量（限界効用）[p42]は減少（逓減）していくという法則のこと。

❶ A君は、のどがかわいたので、オレンジジュースを飲みたくなった。

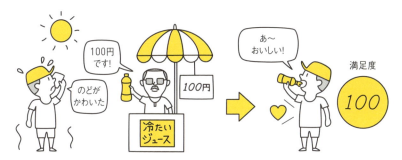

❷ A君は、1本目でのどがうるおったので、2本目のジュースは……。

❸ A君は、2本ジュースを飲んだので、お腹いっぱいになった時は……。

一般的に消費者は「限界効用＞価格」である限り、財・サービス[p13]の購入を続け、「限界効用＝価格」となったところで、追加で財・サービスを買わなくなる。

限界費用 [Marginal Cost]

企業[p52]が生産を1単位増やしたとき、費用[p25]がどれくらい増えるのかを示したもの。限界コストとも言う。たとえば、鉄を作っている会社で考えてみる。

❶ 製鉄には高炉などの設備にかかわる減価償却費[p65]がかかる。

❷ また、原材料費がかかる。

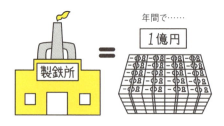
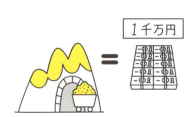

❸ もし鉄を2単位作れば、以下のように費用がかかる。設備にかかわる減価償却費の1億円は、生産量に関係なく発生する。これを固定費[p60]という。固定費は鉄を2単位作ろうが、10単位作ろうが、生産量が増えても変化しない。

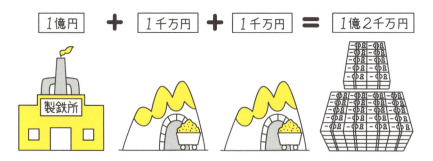

❹ 一方、生産量が増えたことで、原材料費は増加する。これを変動費[p61]という。つまり、鉄の製造を1単位から2単位、2単位から3単位に増やそうとした場合、1000万円ずつ追加の費用が必要となる。この費用が限界費用である。

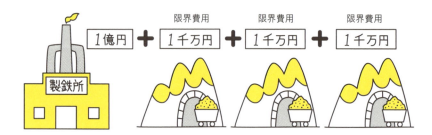

所得効果 [Income Effect]

価格[p100]の変化に伴い、消費者の実質所得が変わり、需要量に変化を及ぼす効果のこと。

① Aさんは毎月お米20kgを、1万円で購入している。

② お米の価格が1割上がったら、1万1千円出して、20kgのお米を購入しなければならない。

③ 所得が変わらなければ、値上がりした1000円分だけ、他の支出を切り詰める。

つまり、お米の価格の上昇によって、実質的に1000円分の所得が減少し、他の財・サービス（この場合ガソリン）の消費（需要）を減らす、という効果をもたらす。

代替効果 〔Substitution Effect〕

財・サービス[p13]の相対的な価格[p100]が変化し、需要量に変化を及ぼすこと。

❶ Aさんは、お米を毎月1万円払って20kg買っていたが、ある時1割値上がりした。

❷ お米は値上がりしても、パンの値段は変わらなかった。するとパンの値段が安く感じる。

❸ その結果Aさんは、1万円のうちいくらかをパンに充てようとする。

お米の価格が上昇すると、お米の購入量（需要）が減少し、相対的に安くなったパンの購入量（需要）を増やす。これが代替効果である。

正常財（上級財） [Normal Goods]

予算や所得[p143]が多くなると、買う機会が増える傾向が強い商品のこと。

① ブランド物の服やカバンや靴などは……。

② 予算や所得が多くなると、買う機会が増える。

③ 正常財は、予算や所得が多くなると、需要量が増大し、需要曲線[p37]がより外側（右側）にシフトする。

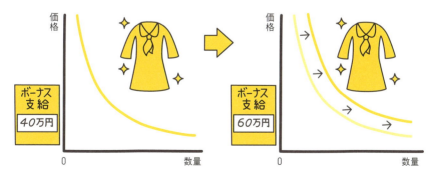

劣等財（下級財）　[Inferiority Goods]

予算や所得[p143]が多くなると、買う機会が減る傾向が強い商品のこと。

① 中古のブランド物の服やカバン、靴などは……。

② 予算や所得が多くなると、買う機会が少なくなる。

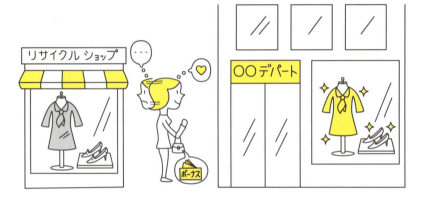

③ よって、予算や所得が多くなると、需要量が減少し、需要曲線[p37]がより内側（左側）にシフトする。

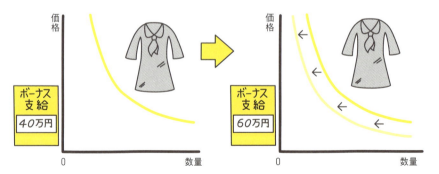

代替財 〔Substitute Goods〕

似たような性質の財・サービス[p13]において、一方の需要[p35]が増加すると、他方の需要が減少するという傾向がある場合、両者を代替財と呼ぶ。

① バターの価格が上昇すると……。

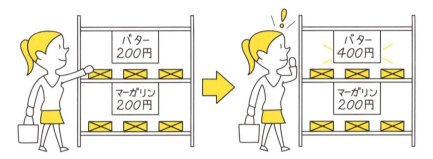

② 人々はバターの購入を減らし、相対的に安価なマーガリンを購入する。

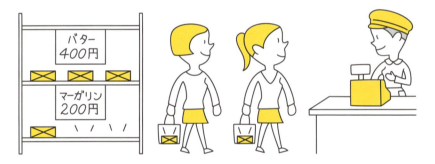

③ つまり、バターとマーガリンは、代替関係にあるので、代替財と言える。

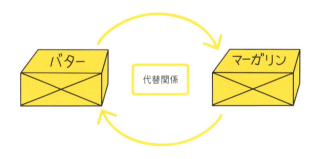

ギッフェン財 [Giffen Goods]

価格[p100]の下落（上昇）に伴い、需要[p35]が減少（増加）する財のこと。

イギリスの経済学者、ロバート・ギッフェン（1837〜1910）が、19世紀のアイルランドにおける飢饉の際の、価格と需要の関係を見て発見した。

1 ジャガイモを主食とするある貧しい国で、ある時ジャガイモの価格が下落し、他の食品よりも相対的に安くなった。

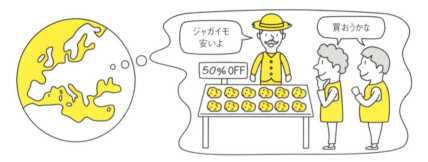

2 すると、その国の人は、ジャガイモの消費量（需要）を増やそうとする（**代替効果**[p46]）。

❸ しかし、ジャガイモの価格が下落したので、肉や小麦といった他の食品を購入する余力が生まれ（所得効果[p45]）、少し贅沢な他の食品の購入量（需要）が増えてしまう。

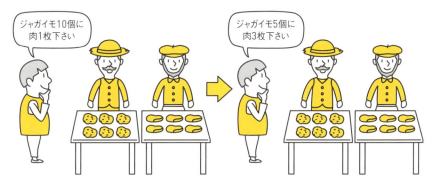

❹ 代替効果によってジャガイモの消費量が増加する分よりも、
所得効果によってジャガイモの消費量が減少する分が多くなるので、
代替効果と所得効果を合算すると、トータルのジャガイモの消費量は減少する。

所得が増加することによって、消費量が減少する財は劣等財[p48]であり、
ギッフェン財は劣等財の中の一部である。

補完財 [Complementary Goods]

組み合わせて消費される性質の財・サービス[p13]において、一方の需要[p35]が増加すると、他方の需要も増加するという傾向がある財・サービスのこと。

● パソコンとソフトウェアは補完財である。

パソコンの価格が下落すると、人々はパソコンを購入する（需要の増加）。

するとパソコンと一緒にソフトウェアも購入する（需要の増加）。

企業 [Enterprise]

儲けよう、利益を上げようという営利を目的とし、市場[p20]において財・サービス[p13]の生産や販売を行う経済主体[p21]のこと。

限界生産物 [Marginal Product]

投入量を変化させることができる、財・サービス[p13]の量を1単位増やす（減らす）と、どれだけ総生産量が増加するか（減少するか）を示したもの。

❶ ある工場では、2人で洋服を作ると、1ヵ月に10着生産することが可能である。

❷ 人が増えて3人になった場合、1ヵ月に18着生産することが可能になった。

❸ 2人から3人へと、1人（1単位）人員が増えれば、生産量は10着から18着になるので、限界生産物は18着－10着＝8着となる。

3つの生産段階
[Three Stages of Production]

限界生産物[p53]がどのように変化するかで、生産する際の最適な投入量が決まってくる。投入量を変えることによって、限界生産物に変化が生じ、その変化の種類によって、生産を①収穫逓増、②収穫逓減、③損失発生の3段階に分けることができる。

1 ①「収穫逓増」の段階は、限界生産物が増加する局面。
投入量を増やすと限界生産物が増えていき、全体の生産量も増えていく状態。

2 したがって、企業[p52]は生産量を増やそうと、投入量を増やしていく。

3 ②「収穫逓減」の段階は、限界生産物が減少する局面。投入量を1単位増やすごとに限界生産物は減少していくが、全体の生産量は増えている状態。

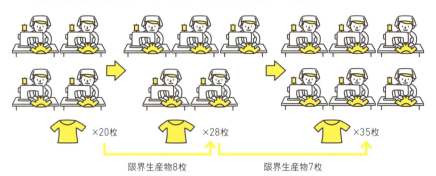

❹ 言い換えると、投入量を増やすと、生産量は増えるが、
その増え方がだんだん鈍くなっていく状態。

服職人	7人	8人	9人	10人	11人
枚数	41枚	46枚	50枚	53枚	55枚

5枚　4枚　3枚　2枚

❺ ③「損失発生」の段階は、限界生産物がマイナスになっている局面。
1単位投入量を増やしても、生産量が増えるどころか、逆効果で減少してしまう状態。

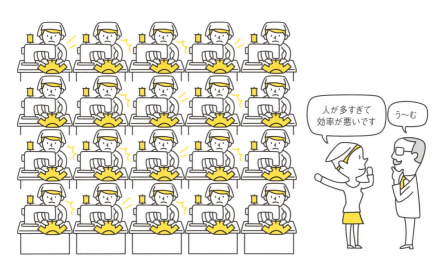

❻ 限界生産物はマイナスで、生産量は減少していく、
つまり投入を増やしても、生産量が増えずに減少してしまうので、
この状態に陥った場合、企業は投入量を増やそうとしなくなる。

服職人	12人	13人	14人	15人
枚数	56枚	55枚	53枚	50枚

−1枚　−2枚　−3枚

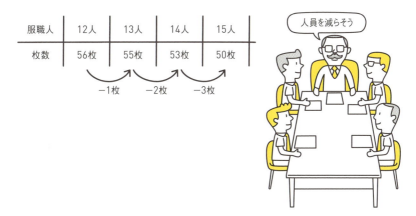

限界生産逓減の法則
[Law of Diminishing Marginal Productivity]

生産要素[p15]の投入量の増加によって、生産量は増えるが、1単位増えたことによる増加幅は徐々に小さくなるという法則のこと。

① 印刷機が1台の印刷工場があるとする。

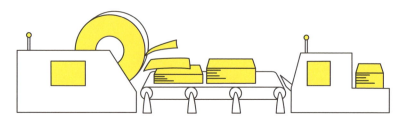

② 労働者が1人の場合、作業をすべて1人で行うため、1日で100枚しか印刷できない。

● 印刷の版を作る　● 機械を動かす　● 紙を切る

③ 労働者が2人になると、この工程の分業がうまく働き、1日で300枚の印刷ができる。つまり1人（1単位）増えることで、200枚多く印刷ができるようになる。

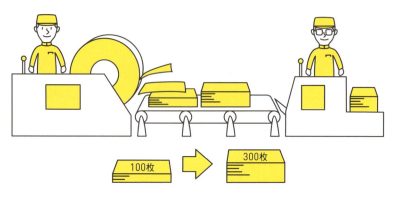

❹ 3人になった場合、完全分業体制ができ、1日600枚の印刷ができるようになる。つまり、さらに1人（1単位）増えたことで、300枚多くの生産が可能となる。

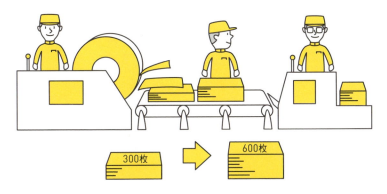

❺ しかし、4人目には、分業体制は出来上がっているので、事務作業を担ってもらうことになる。生産量は増えるが、700枚となり、1人増えても100枚しか増えなくなる。

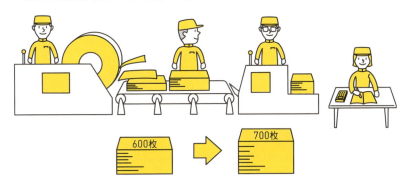

❻ さらに5人目を採用して、工場の掃除や整理を担ってもらう。効率性が上がり、生産量は750枚に増えるが、1人（1単位）増えた分による増加幅は50枚に落ちる。

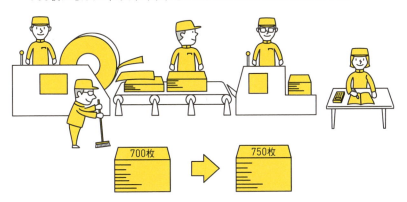

4人目、5人目と労働者が増えることによって、生産量は増えるが、増加幅が徐々に小さくなることを指したものである。

生産関数 〔Production Function〕

他の投入量を一定とした場合、1つの投入量に対する生産物の変化の関係を表したもの。

1. 労働者もゼロだと生産物もゼロ。
2. 1人では洋服が2枚作れる。
3. 2人では5枚作れる。

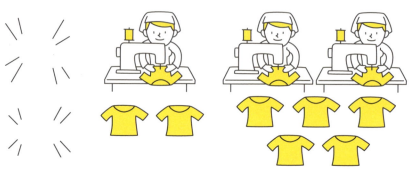

1人増えると作れる量が3枚増える。

限界分析 〔Marginal Analysis〕

費用対効果分析の一種で、投入量が1単位増えた時の、追加の利益や費用を用いた分析手法。平均値をとったり、伸び率を使ったり等の分析手法ではなく、1単位の変化に着目した分析。

● パン屋さんでパン職人を1人（1単位）ずつ増やした場合。

1人増やすことで、パンを売って得られる利益や費用がどう変わるか？

費用曲線 [Cost Curve]

企業[p52]の生産量と生産費用の関係を示したグラフを指し、両者の関係を示したものを費用関数という。

● たとえば、パン会社が生産量（パンを作る量）を増やせば、以下のように生産費用（パンを作る費用）が増える。

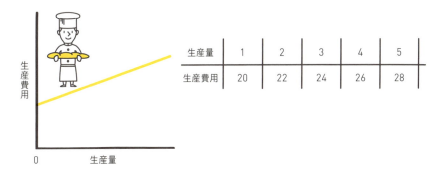

生産量	1	2	3	4	5
生産費用	20	22	24	26	28

総費用 [Total Cost]

固定費[p60]と変動費[p61]を合わせたすべての費用のこと。

● たとえば鉄を作る会社だと、総費用は以下である。

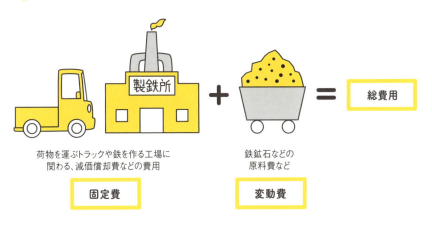

荷物を運ぶトラックや鉄を作る工場に関わる、減価償却費などの費用 — 固定費

鉄鉱石などの原料費など — 変動費

固定費 〔Fixed Cost〕

生産量にかかわらず、一定額発生する費用のこと。

❶ たとえば、売上が大きく落ち込んだからといって、
従業員（正社員）を突然削減したりしない。したがって、人件費は固定費と考えられる。

❷ また、工場や会社の機械や車や建物などにかかる費用も固定費である。
これらは、長期にわたって使用するため、一定期間にわたり費用に計上される。

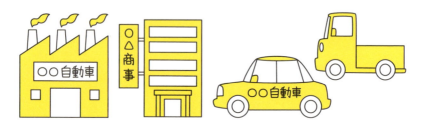

たとえば、50年間で建物の購入費用を計上（償却）する場合、生産量にかかわらず、毎年一定額の費用が計上される。これが減価償却費[p65]で、固定費の代表例である。

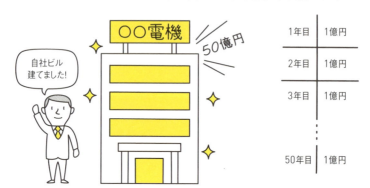

変動費 〔Variable Cost〕

生産量に比例して、変動する費用のこと。

① たとえば、鉄鋼の原料である鉄鉱石は、鉄鋼の生産量に比例して変動する。

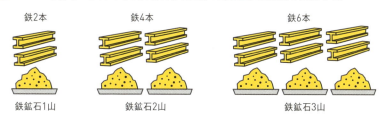

② 鉄鋼の生産量が増えれば、原料を仕入れる費用が比例して増加する。

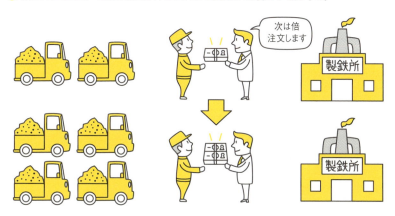

③ また、製品である鉄鋼を運ぶための運送費なども、比例して増加する。

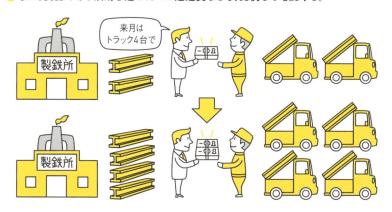

総収入 [Total Revenue]

ある企業[p52]が販売している製品や商品の、1単位あたりの価格[p100]に販売数量を掛けたものの合計であり、売上を意味する。

● たとえば色々なパンを販売しているパン屋さんの場合。

商品名	価格	販売数	合計
アンパン	100円	100個	10000円
食パン	150円	200個	30000円
カレーパン	150円	80個	12000円
ジャムパン	120円	150個	18000円
		総収入	70000円

限界収入 [Marginal Revenue]

生産量を1単位増加させたときの、総収益（売上）の増加分を指す。

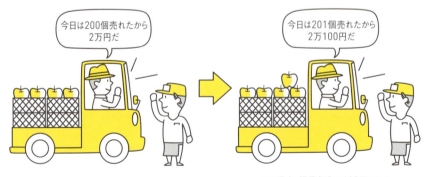

この場合、限界収入は100円である。

損益分岐点 [Break-even Point]

企業[p52]が、総コスト（総費用）をまかなうのに必要な総生産量（額）のこと。以下のような計算式になる。

❶ 売上高、コスト、利益の関係は……。

売上高 － 総コスト ＝ 利益
（固定費＋変動費）

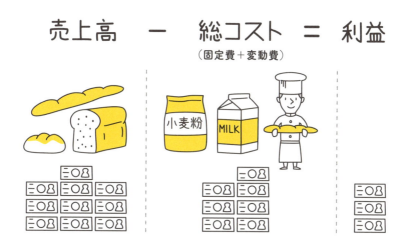

❷ この式をさらに次のように変える。

売上高－固定費－変動費＝利益
売上高－変動費＝利益＋固定費
　　　　　　＝限界利益
（利益＋固定費を限界利益という）

❸ 損益分岐点は、文字通り損益が0になるところを指すので、利益＝0を上記の計算式に当てはめると、以下が損益分岐点になる。

固定費＝限界利益

したがって、損益分岐点とは変動費[p61]を回収したうえ、さらに固定費[p60]も回収できる、すなわち総コストを回収できる生産量（額）を指し、その水準の売上高を損益分岐点売上高という。

第 2 章 ミクロ経済学

可変比率の法則
[Law of Variable Proportions]

他の条件を一定とした場合、ある財・サービス[p13]の投入量が変化すると、生産量が変化すること。

❶ キャベツ畑の農場主は、もっとキャベツの生産高を上げたいと考え、農薬を使うことに決めた。

❷ ここの農場には3つの区画があって、すべての区画で以下の4条件は同じである。

①土地……陽当たり、土壌、水はけ

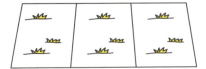

②天候……育てる際の天候

③作業……手入れの条件

④キャベツの種……同じ品種

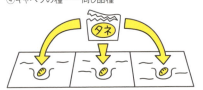

❸ 3つの区画で農薬の量を変えて育て、キャベツの生産量がどの位変化するのかを見れば、農薬の効果を測ることができる。

減価償却費
[Depreciation & Amortization]

建物や機械設備など、企業[p52]が長期間にわたって利用するものは、購入した期（年度）に全額費用として計上するのではなく、価値[p16]の減少に応じて費用として計上していくという考え。

① 原材料費や人件費などの費用は、一般的にその期（年度）に発生した分はその期の費用として計上される。

② しかし建物の場合は異なる。たとえば、A社が自社ビルを50億円かけて建設。耐用年数は50年、毎年同じ金額だけ計上する方法（定額法）を採用したとする。

すると、A社は毎年、1億円（＝50億円÷50年）を減価償却費として費用計上することになる。

2016年度	1億円
2017年度	1億円
2018年度	1億円
⋮	⋮
2066年度	1億円

実際の減価償却は、その資産の耐用年数にわたって規則的に費用として計上される。なお、会計上では減価償却費というが、マクロ経済学[p30]では固定資本減耗という言葉が使われる。

利潤の最大化 [Maximization of Profit]

限界収入[p62]が限界費用[p44]とイコールになったところで、利益（利潤または儲け）が最大になること。

① あるりんご農家は、りんご1個100円で売っている。つまり限界収入が100円である。

② ある時、りんごの収穫量を増やすために、アルバイトを雇った。労働時間を伸ばしてもらったので、時間外の勤務手当などが発生した。

③ すると、りんごの収穫数、売上額、費用、利益と限界費用は以下のようになった。

収穫数	売上	費用	利益	限界費用
200個	2万円	1万4000円	6000円	
300個	3万円	1万6000円	1万4000円	20円
400個	4万円	1万9000円	2万1000円	30円
500個	5万円	2万4000円	2万6000円	50円
600個	6万円	3万4000円	2万6000円	100円
700個	7万円	4万5000円	2万5000円	110円

※売上＝1個100円（限界収入）×個数
※限界費用＝1個当たりの費用の増加分（200個から300個へと、100個増えた場合、費用は1万4000円から1万6000円と、2000円増加する。1個あたりの費用の増加分は2000円÷100個＝20円、すなわち限界費用は20円となる）

❹ この表から、りんごを何個売ったら利益が最も多くなるかがわかる。
600個（または500個）である。

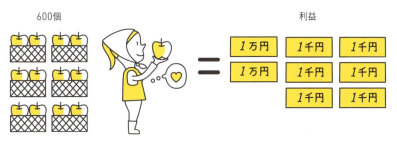

❺ 600個より多く収穫しようとすると、さらに深夜手当等の費用を支払う必要が生じる。
費用の増加幅のほうが、売上の増加幅よりも多くなってしまい、利益は逆に減少する。

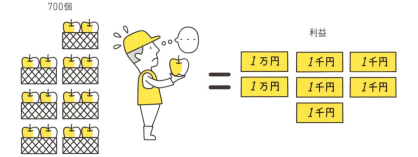

❻ したがって、利益を最大にしようと思うと、限界収入が限界費用と等しくなるところまで、
生産を拡大させることになる。

限界収入
（りんご1個の価格＝100円）

＝

限界費用
（3万4000円-2万4000円）÷（600個-500個）＝100円

利益最大化生産量
[Profit-maxing Quantity of Output]

限界収入[p62]が限界費用[p44]とイコールになった時に、利益（利潤）は最大化する。その時の生産量を利益（利潤）最大化生産量という。

1 利潤の最大化[p66]のりんご農家の表を見ると、利益最大化生産量はどこになるだろうか？

収穫数	売上	費用	利益	限界費用
200個	2万円	1万4000円	6000円	
300個	3万円	1万6000円	1万4000円	20円
400個	4万円	1万9000円	2万1000円	30円
500個	5万円	2万4000円	2万6000円	50円
600個	6万円	3万4000円	2万6000円	100円
700個	7万円	4万5000円	2万5000円	110円

（売上 − 費用 = 利益）

2 りんごの収穫量が500個だと、限界収入が100円で、限界費用が50円なので、2つはイコールにならない。

3 収穫量が700個だと、限界収入が100円で、限界費用が110円なので、これもイコールにならない。よってこの場合は、収穫量が600個の場合に利益が最大化となる。

プライステイカー 〔Price Taker〕

市場[p20]で成立した価格（price）[p100]を受け入れて（take）、行動する生産者や消費者のこと。

❶ 生産者と消費者は共に数多く存在する。

❷ 個々の生産者や消費者が、自分で価格を設定したりはしない。
たとえば、買い手が売り手に対して値切ったりできない。

❸ また、売り手も買い手に対して〇〇円でしか売らない、といったことはできない。
完全競争市場[p70]の参加者を指す。

完全競争市場
[Perfectly Competitive Market]

たくさんの買い手と売り手により、競争が自由に行われている市場[p20]のことで、次の5条件を満たしていることが必要。

❶ 買い手や売り手が数多く存在し、ある特定の人が大きな力をもっている、ということがない。

❷ 買い手や売り手が買おう、あるいは売ろうとする財・サービス[p13]の質に違いはない。

❸ 買い手と売り手は、財・サービスとその価格について十分な情報をもっている。情報がないため、同じ商品なのに高い財・サービスを買ってしまうことはない。

4 買い手は良い財・サービスを手に入れようと動き、売り手は自分の財・サービスを少しでも多く売り込もうと、それぞれ独立して行動する。身内だとか、友達だから等の個人的なつながりで動くということはない。

5 だれでも自由に市場に参入、撤退することができる。

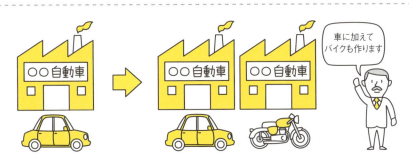

生産者余剰 [Producer Surplus]

あるモノの実際の価格[p100]から、生産者がこの値段なら売ってもいいと考える価格を差し引いた金額のこと。モノの実際の価格とは、市場[p20]の価格のこと。

① あるりんご農家が、りんごを農産物市場にもって行き、実際に買い取ってもらえる値段が1個あたり100円だったら、100円が市場での価格である。

② 生産者がこの値段なら売ってもいいと思う値段とは、りんごを生産するのにかかったコストになる。りんごの木を育てたり、収穫したりする人件費や肥料代などのコストの合計と言い換えることができる。

③ 仮に、りんご1個あたりのコストが60円だったとする。60円以上の価格で販売できるのだったら、りんごの生産者は販売しようと考える。とすると、生産者余剰は以下になる。

100円 − 60円 = 40円
（市場価格）　（コスト）　（生産者余剰）

つまり、生産者の得られる金額から、生産者のかけたコストを差し引いたものが生産者余剰となる。

消費者余剰 〔Consumer Surplus〕

消費者余剰は、消費者があるモノについて、この値段だったら支払ってもいいと考える価格[p100]から、実際についている価格を差し引いた金額で表す。

1 ある人がりんごを買おうとしており、1個150円だったら、りんごを買ってもいいと考えていたとする。

2 お店に行ってりんごの値段が110円だったとすると、110円が市場での価格ということになる。つまり、両者の差、150円－110円＝40円が消費者余剰といえる。

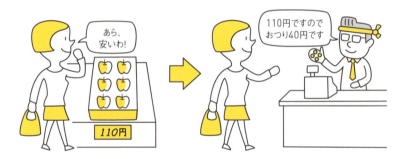

3 消費者余剰とは、消費者がこれだけ払っても買いたいと思っていたのに、実際はそれより安く、得をしたと感じた金額ということができる。

社会的余剰 [Social Surplus]

市場[p20]全体の、生産者余剰[p72]の合計と、消費者余剰[p73]の合計とを足し合わせたもの。社会全体の余剰である総余剰を指している。

- 1人の生産者、1人の消費者の余剰ではなく、りんごの生産者全体の余剰、りんごの消費者全体の余剰を合計したもの。

不完全競争 [Imperfect Competition]

完全競争市場[p70]の5つの条件が、どれか1つでも欠けた状況を指す。完全競争の条件がすべてそろうほうがまれである。不完全競争は、独占[p85]、寡占[p85]、独占的競争[p86]の3つに分かれる。

資源配分 [Allocation of Resources]

資源は限られているので、分けて使わなければならない。それを資源配分という。

① 経済学は、土地や資本、労働力、起業家といった希少な生産要素[p15]を用いて、何をどれだけ生産したらいいのかを考える学問である。

② 資源配分は、自由主義経済では市場[p20]を通じて行われる。たとえば、ある財・サービス[p13]のニーズが高く、欲しい人が多ければ、価格は上昇し、購入できる人を絞り込むと同時に、売ろうという人を増やし、資源を適切に配分する。

③ 一方、ニーズがあまりない場合は、価格が下がることで、逆の動きを促して配分することとなる。

このように市場では、価格[p100]がシグナルとなり、資源配分を行っている。

第 2 章 ミクロ経済学

パレート最適 [Pareto Optimum]

ミクロ経済学[p30]の資源配分[p75]に関する概念。ある限られた資源を配分しようとする時、社会全体の利益が最大化される配分がなされている状態のこと。

イタリアの経済学者であり社会学者の
ヴィルフレド・パレート（1848〜1923）が提唱した概念。

① 仮に世の中にりんごが6個しかなく、りんごが欲しい人が2人いるとする。

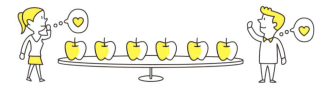

② りんご6個をAさん2個、Bさん2個で分けた状態はパレート最適ではない。
　 Aさん、Bさんどちらを犠牲にすることなく取り分を増やすことができるためである。

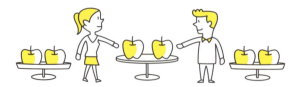

③ そこでAさん3個、Bさん3個で分けたとする。これ以上、満足度を増やす（4個ほしい）
　 という場合は、相手の分を減らさなければ自分の取り分を増やせない状態である。
　 したがってAさん3個、Bさん3個で分け合った状態はパレート最適といえる。

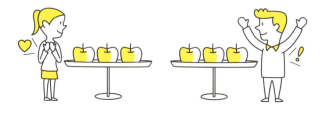

つまり、他の誰かの効用[p18]や満足度を犠牲にしなければ、その人の効用や満足度を高めることができない状態のこと。

レント 〔Rent〕

「超過利潤」ともいう。不完全な競争状態の場合、完全競争[p70]の元で得られる利益より、多くの利益を得られる場合がある。この利益の上乗せ部分のこと。

① 一般的に、同じ材料を使い、同レベルの技術をもった人が、同じ生産設備を使って生産したものを販売した場合、そこから得られる利益（利潤）は同じ。

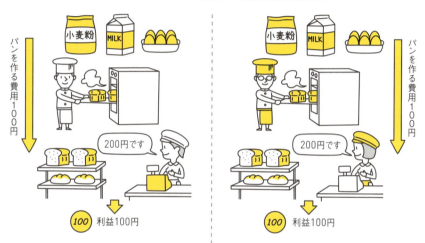

② しかし、完全競争市場でなかった場合、独占や規制などが存在する。不完全な競争状態なので、供給を絞って、高い値段を実現することが可能となる。

③ すると、完全競争のもとで一般的に得られる利益よりも、多くの利益を得ることができるケースがある。

完全競争市場 → 利益 100円
不完全競争市場 → 利益 900円
　　　　　　　　　　　　超過利潤 ＝ レント

ローレンツ曲線 [Lorenz Curve]

所得[p143]や貯蓄の格差などを示す時に使われるグラフのこと。

アメリカの経済学者、
マックス・ローレンツ（1876〜1959）
にちなんでこう呼ばれる。

① 所得の格差を示す場合、まず世帯を所得の低い順番に並べる。横軸に世帯の累積比、縦軸に所得額の累積比を取り、世帯間の所得分布をグラフ化する。

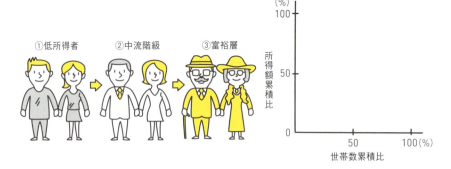

② 所得の低い順に20％の世帯が、社会全体の所得の10％を占めている場合、横軸の20％と縦軸の10％が交差する所に点を打つ。

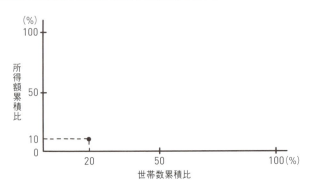

❸ 同様に所得の下位30％の人が、社会全体の所得の20％を占めていたら、横軸の30％と、縦軸の20％が交差する所に点を打つ。

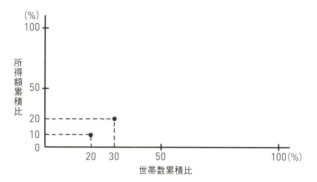

❹ そのような方法で、100％まで順次データをグラフに入力していくと、ローレンツ曲線が完成する。

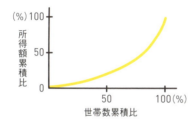

❺ もしも、社会に所得の格差がなく、すべての世帯の所得が同額ならば、ローレンツ曲線は直線の45度線になる。

❻ 所得や富の分布に偏りがある限り、ローレンツ曲線は下方に膨らんだ形になる。

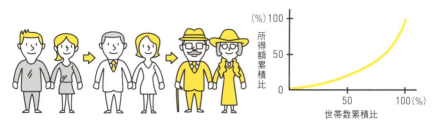

第 2 章 ミクロ経済学

ジニ係数 〔Gini Coefficient〕

所得[p143]や資産の不平等や、格差を測るための尺度の1つ。

イタリアの統計学者
コラド・ジニ（1884〜1965）にちなんで
ジニ係数と呼ばれる。

① ローレンツ曲線[p78]を用いて算出され、0から1までの値をとり、所得や資産が平等であればある程0に近づき、0になると、多くの人々の所得や資産などが完全に平等になる。

② また逆に、所得や資産が不平等であれば1に近づき、1だと、1人がすべての所得や資産などを、全部独占している状態となる。

ジニ係数の値の大きさは、不平等度を測る指標として用いられている。OECD（経済協力開発機構）が所得格差の国際比較という形で、各国のジニ係数を比較している。

プライスメーカー ［Price Maker］

自らの利益を最大限にする価格（price）[p100]を設定する（make）ことができる売り手のこと。不完全競争[p74]の状態で存在する経済主体[p21]が該当する。

❶ たとえば、ブランド靴などが挙げられる。イタリアやフランスなどの、高級ブランドの靴を購入する女性は、ファッションやデザイン、またはブランドへの憧れから購入すると考えられる。

❷ いろいろな靴の値段を比較した結果、安いからその高級ブランドの靴を購入することにはならない。

❸ 欲しいと思ったら、1足10万円でも15万円でも50万円でも、売り手が設定している値段で購入する。こうした売り手をプライスメーカーと言う。

プライスリーダー [Price Leader]

寡占的[p85]な業界で、ある製品の市場価格を決める力のある企業[p52]のこと。

① たとえば、5社が競合するオレンジジュース業界があるとする。

② この業界の売上のトップはA社で、
この会社はオレンジジュースを1本200円で販売している。

③ 売上の2番目はB社で、オレンジジュースを198円で販売しており、
売上の3番目のC社はオレンジジュースを197円で販売している。

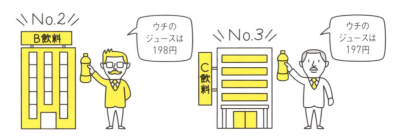

❹ B社とC社は、この業界のプライスリーダーであるA社の価格を見ながら、価格を設定する。

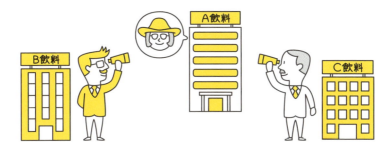

❺ B社とC社は、プライスリーダーであるA社以上の価格をつけることは難しい。

❻ また、B社とC社は、思い切って価格を下げて、A社のシェアを奪うことも難しい。よってA社を見ながら価格を決めることとなる。

プライスリーダーの価格は、業界全体の価格に大きな影響力をもつため、プライスリーダー以外の競合企業は、これを追いかける傾向がある。

独占度（マージン率）
[Degree of Monopoly]

費用に対して価格[p100]がどれだけ高く上乗せされて、超過利潤[p77]を得ているのかを測る指標。

❶ アメリカの経済学者アバ・ラーナー（1903〜1982）の独占度の尺度が有名で、以下の公式で求められる。

独占度＝（価格－限界費用）÷価格
（マージン率）

❷ 利潤の最大化[p66]にある通り、完全競争[p70]のもとでは、企業は利益（利潤）を最大化しようとすると、製品の価格＝限界費用[p44]となる生産量を選択する。

製品の価格 1個100円

収穫数	売上	費用	利益	限界費用
400個	4万円	1万9000円	2万1000円	30円
500個	5万円	2万4000円	2万6000円	50円
600個	6万円	3万4000円	2万6000円	100円
700個	7万円	4万5000円	2万5000円	110円

❸ しかし、市場価格をコントロールできる独占[p85]企業の場合は、価格を引き上げるべく、供給量を絞り、超過利潤（＝価格－限界費用）を獲得しようとする。

・パソコンを作っている会社が仮に1社だとすると、消費者はこの会社のパソコンしか選べない。

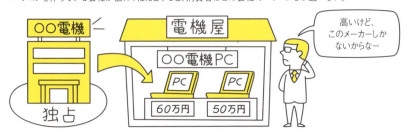

このマージン率が高ければ、独占企業の価格支配力が強いことを示し、逆に0に近づけば、完全競争に近づいていることを意味する。

独占 [Monopoly]

1つの売り手が、市場全体の動きを決める市場構造を指す。競争相手がいないので、独占企業は自社の利益が最大になるような価格[p100]や生産量を決めることができる。

● 地域独占の代表例として、日本の電力業界が挙げられる。
（2016年4月から、新規参入が全面的に認められるようになった）

寡占 [Oligopoly]

複数ながらも少数の大企業が、その産業において大きな影響力をもつ産業構造のこと。互いに協調して、利益の最大化を図る傾向がある。

● 寡占市場の代表例として、国内の衣料用合成洗剤業界が挙げられる。
この業界は、主力3社でほぼシェアを分け合っている。

価格[p100]は需要と供給[p34]の均衡点ではなく、高めに維持され、下がりにくくなる（価格の下方硬直性）。よって、寡占市場では価格競争ではなく、デザイン、品質、機能、広告宣伝、アフターサービスなどの非価格競争が盛んになる。

独占的競争 [Monopolistic Competition]

完全競争[p70]の場合、どの会社の製品を買っても同じであることが条件であったが、こうした同一の商品を生産する条件を満たさない中での競争のこと。

❶ 完全競争下では、品物は全く同じなので、競争をした場合、
価格の安いほうに需要は流れていく。

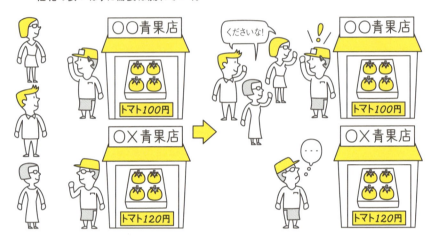

❷ しかし独占的競争においては、価格だけでなく、商品の差別化などによって需要を取り込もうという競争になる。商品の差別化には2つあり、1つ目は実質的に質が異なっているものである。たとえばスポーツウェアを例に取ると以下である。

・沢山の会社がスポーツウェアを販売しているが……

・Aスポーツは以下のように差別化している

このように、Aスポーツは機能や品質で他社との違いを打ち出すことによって、顧客を獲得しようとしている。

❸ もう1つの商品の差別化は、買い手側に、質が異なっているようなイメージを与えるような差別化である。たとえば喫茶店を例に取って考えてみる。

❹ こういった差別化は、品質、サービス面のほかにも、特許、商標、デザイン、広告などによっても生じる。

つまり、独占的競争は商品差別化などを通じて、ある程度の独占力を発揮しながらの競争といえる。

カルテル [Cartel]

独立した同一業種の企業同士が、互いの利益を守るために、販売価格、生産量、販路などにおいて協定を結ぶこと。

❶ たとえば、窓ガラス業界に、A社、B社、C社という3社があったとする。

❷ この3社が販売価格を吊り上げるため、窓ガラスの価格を1枚1万円以下では売らないと、水面下で相談したとする。

❸ このように利益確保のため、互いの値段を下げないことを相談した場合は、カルテルになる。自由な競争が制限され、消費者は高い価格で窓ガラスを買わざるを得なくなる。

こうしたカルテルは独占禁止法[p92]で原則、禁止されている。

市場の失敗 [Market Failure]

価格[p100]の調整機能によって、効率的な資源配分[p75]がなされるためには、4つの条件が必要である。以下の4つの条件のいずれかを満たさない場合を「市場の失敗」と呼ぶ。

① 市場が完全競争市場である、つまり独占や寡占などの不完全競争市場でない。

② 売り手、買い手共に必要十分な情報が手に入ること。

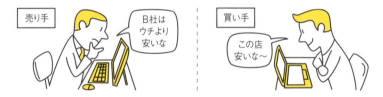

③ 資源の移動が自由にできること。

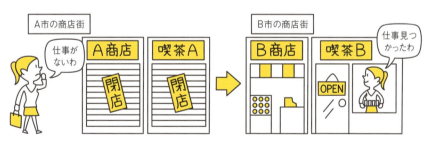

④ 財・サービスの価格が、コストなどを適切に反映したものである。

外部経済 〔External Economy〕

ある経済活動が、市場[p20]を通さず別の第三者にメリットを与えること。

① たとえば、鉄道の路線が延長され、新たに駅が建設されたとする。

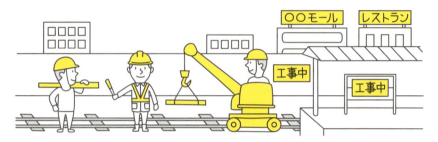

② 駅の周りにマンションが建設され、人が増えたことにより、もともとその場所にあったショッピングセンターやレストランなどのお客さんが増え、メリットを受けたとする。

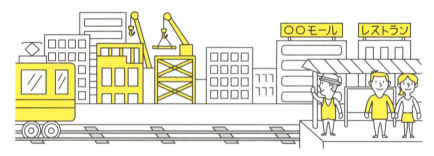

③ レストランの経営者は路線拡張や駅建設のコストを負担したわけではないが、結果的に客が増えて、売上が上がるなどのメリットを享受している。

外部不経済 [External Diseconomy]

外部経済[p90]とは逆に、ある経済活動が市場[p20]を通さず、別の第三者にデメリットを与えること。

① たとえば、ある地域に鉄道の路線が延長され、新しい駅が建設されたとする。

② 人が増えることにより便利になって、メリットを受ける人もいる（外部経済）。

③ しかし、もともとの住民にとっては、家の近くに鉄道が通ることによる、振動や騒音などのデメリットが生じる。

特に鉄道会社から対価をもらったわけではなく、結果的にマイナスの影響を受けるため、このような状態は外部不経済といえる。

独占禁止法 〔Antimonopoly Law〕

資本主義の市場経済において、独占的、協調的、あるいは不公正な行動を防ぐことで、自由な競争を促し、事業活動を活発化させ、消費者の利益保護を図ることを目的とした法律のこと。

同質財 〔Homogeneous Capital Goods〕

どの企業[p52]も、品質などが全く同じ製品を生産することができ、消費者などにとって、どの企業が生産したのかは無関心な財[p13]のこと。

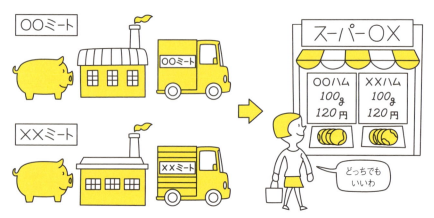

差別財 〔Discrimination Goods〕

同質財[p92]とは対照的に、個々の企業[p52]の生産する財[p13]が、機能性や品質面で同じ財であっても、どの企業が生産したかによって、消費者などが異なるものと認識する財のこと。

❶ たとえば、4社の飲料メーカーがあったとする。

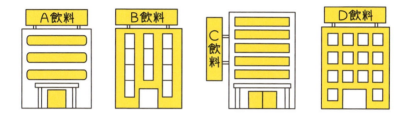

❷ その4社では、それぞれ無糖の缶コーヒーを作っていたとする。

❸ それら4社が作るのは、同じ無糖の缶コーヒーであっても、
田中さんはA飲料のコーヒーが好き、山田さんはB飲料のコーヒーが好き、
高橋さんはC飲料のコーヒーが、鈴木さんはD飲料のコーヒーが好きという好みがある。

このように同じ製品であっても、味や好み、デザインなどによって違うものと認識される財を差別財という。

ゲーム理論 [Game Theory]

経済社会は、人々や企業[p52]が、一定のルールの下で自分の利得を得ようという目的を実現しようとする「ゲーム」で成立しており、人々の意思決定は互いに影響を与えながら決まる、という状況を、数理的手法で分析した理論のこと。

数学者ジョン・フォン・ノイマン（1903〜1957）と
経済学者オスカー・モルゲンシュテルン（1902〜1977）による
共著『ゲームの理論と経済行動』（1944年）の出版によって誕生した理論。

J・F・ノイマン

O・モルゲンシュテルン

1 ある寡占[p85]市場があったとする。

2 その市場で、企業同士がどういった戦略で行動を取るのかを読み合いながら、自分たちの商品の生産量や価格を決定する。

ゲーム理論の中では、囚人のジレンマ[p96]が有名である。

ナッシュ均衡 〔Nash Equilibrium〕

ゲーム理論[p94]の中で、非協力ゲームの均衡を意味する。プレイヤー全員が互いに最適の戦略を選択し、安定的な均衡状態になることをいう。

アメリカの数学者、
ジョン・フォーブス・ナッシュ（1928〜2015）が考案した。

① たとえば、2013年に起きたアメリカのシェール革命（採掘のむずかしかったシェール層から石油や天然ガスが採れるようになり、エネルギーの値段が変わった革命）で、需給バランスが崩れ、原油価格は2014年以降、低水準で推移している。

② 産油国全体のメリットを考えるならば、減産によって需要と供給のバランスを改善させ、価格を上昇させることが最善の選択である。

③ しかし、各国とも自国が減産しても、他の産油国が増産すれば自国はシェアを落とすだけでメリットにならないと考え、減産に踏み切れない。

その結果、原油は低水準の価格[p100]で安定して推移している。ナッシュ均衡の1つの事例といえる。

囚人のジレンマ〔Prisoners' Dilemma〕

ゲーム理論[p94]の代表的モデルの1つ。互いに協力関係があるにもかかわらず、意思疎通ができない環境の下に置かれると、互いに望ましくない裏切り行為を選んでしまうというモデル。

1 ある時、2人で強盗に入った容疑で逮捕されたAとBが、別々の牢獄に入れられた。

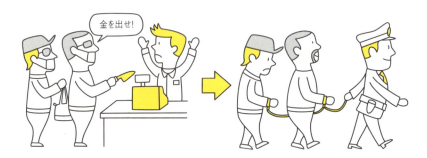

2 この2人の囚人に別々の部屋で取り調べが開始された。

3 そして、AとBはそれぞれ、取調官に次のように言われた。

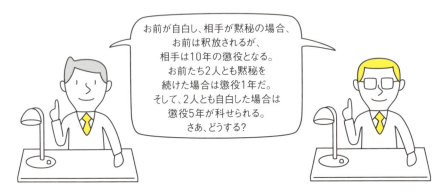

お前が自白し、相手が黙秘の場合、お前は釈放されるが、相手は10年の懲役となる。お前たち2人とも黙秘を続けた場合は懲役1年だ。そして、2人とも自白した場合は懲役5年が科せられる。さあ、どうする？

	黙秘	自白
黙秘	AもBも懲役1年	Aは釈放 Bは懲役10年
自白	Aは懲役10年 Bは釈放	AもBも懲役5年

4 AとBがこの条件を突き付けられた時、2人の刑が軽く済むためには、2人とも黙秘することが最善の選択となる。

5 しかし、互いの意思疎通ができない環境下では、相手が裏切って自白することを、恐れて、2人とも懲役5年の刑となる自白を選んでしまうジレンマが生じる。

このように、囚人のジレンマは、自分の利益のみの追求は、必ずしも全体として合理的な選択に結び付かないことを示した、代表的なモデルである。

フォークの定理 [Folk Theorem]

非協力ゲームの場合は、囚人のジレンマ[p96]のように自分の利益を優先し、全体にとって最適な選択にはならないことが多い。しかしこのゲームを繰り返すと、互いに協力し合う状態が生じることを示す定理。

1 1回限りのゲームでは、互いが自分の利益を優先する。

2 ゲームを繰り返すと、相手が協力する限り協力を続ける。相手が協力なら協力、相手が非協力なら非協力、といったことを経る。

3 そうすると、結局、共に協力するという状態が持続する。

囚人のジレンマのゲームの場合も、繰り返し行うと、過去の行動をもとに戦略を選ぶため、2人とも自白しないという最適な選択に落ち着くことになる。

市場の外部性 [Outside of The Market]

市場の失敗[p89]の1つで、財・サービス[p13]の価格[p100]が、コストなどを適切に反映していないケースのこと。外部経済[p90]と、外部不経済[p91]がある。

外部経済は、市場を通さず別の第三者にメリットを与えることで、外部不経済は、市場を通さず別の第三者にデメリットを与えることを指す。

生産理論 [Production Theory]

生産要素[p15]と財・サービス[p13]など、産出物との関係を扱う理論のこと。

生産とは企業[p52]の活動を意味する。企業は、資源や労働力、資本などの生産要素を投入し、財・サービスを生産・販売して、その成果である利潤が最大になるよう活動する。

価格 [Price]

財・サービス[p13]の貨幣価値のこと。価格は市場経済における競争で、需要と供給[p34]のバランスしたところで決定するため、管理コストがかからず、中立で公正であるという特徴がある。

① 価格は、その値段なら誰でも売れる（買える）といった形で生産者と消費者をつなげ、財・サービスを配分するという役割がある。

② また環境が変化しても、価格の変動を通じ、消費者は高ければ買わない、生産者は高いのでより売ろうと、需要と供給に影響を与えることで、両者を調整する機能をもつ。

市場均衡 [Market Equilibrium]

市場経済において、財・サービス[p13]の供給量と需要量が等しく、価格[p100]が安定した状態のこと。

レッセ・フェール [Laissez-faire]

「レッセ・フェール」とは、フランス語で「なすに任せよ」という意味。自由放任主義ともいわれる。

イギリスの経済学者、アダム・スミス（1723～1790）[p254]の著書『国富論』で述べられている主張。

❶ 政府による国民経済への統制と干渉を排除して、個人や企業の経済活動は自由競争にまかせて営むべきであるとする考え方。

❷ したがって、政府の役割は、私有財産の保護、契約履行、紛争解決等といった、社会の安全や自由を確保する活動だけで十分である、という考えである。

夜警国家
[Night-Watchman State]

政府は、社会の安全や自由を確保する、必要最小限の任務だけをおこなえばよいとする、自由主義国家観のこと。

ドイツの社会主義者
フェルディナンド・ラッサール（1825〜1864）が
『労働者綱領』(1862) の中で、当時の英国の
ブルジョアジーの国家観を批判した際に用いた言葉。

① 政府の役割は、市民の社会における秩序を維持するために、私有財産を保護したり、契約が履行されているか確認したり、紛争を解決したり、国を守ったり等の最低限の任務だけすればよい。

② 国家が積極的に市民に関わり、国家の役割を果たそうとする福祉国家などとは対極にある考え方といえる。

ピグー税 〔Pigovian Tax〕

外部不経済[p91]が生じている場合、これを是正するために企業[p52]などの経済主体[p21]に課す税のこと。

イギリスの経済学者、アーサー・ピグー（1877〜1959）の名前をとってピグー税と名づけられている。地球温暖化対策として、ヨーロッパなどで導入された環境税は、ピグー税の考え方に基づいている。

❶ 環境問題を例にとると、企業に環境税を課すことで、企業の生産活動に必要な費用に環境税が上乗せされた分だけ、生産コストが上昇する。

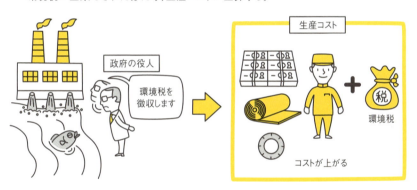

❷ 生産活動が抑制され、企業の経済活動に必要な費用（私的限界費用）と、社会が被る負担額（社会的限界費用）との隔たりが是正される。（限界費用……[p44]）

つまり、ピグー税は、私的限界費用と社会的限界費用との差額分の埋め合わせをするために、経済活動に税金を課すものである。

公共財 〔Public Goods〕

市場の失敗[p89]の中の財・サービス[p13]の1つで、価格[p100]で、コストを負担している人もしてない人も、広く恩恵を受けられるような財・サービス。

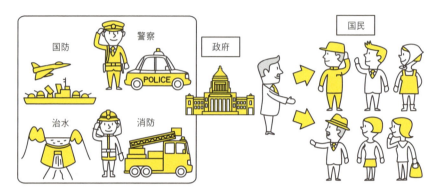

公共財は、1人の個人が、他人の満足や価値を減らすことなく消費でき、お金を払わない人も消費できる財・サービスのことである。

私的財 〔Private Goods〕

消費者が購入する財・サービス[p13]のことで、公共財[p104]と対で使われる。

公共財とは異なり、1人の個人が消費することで、他の消費者が消費できなくなり、他人の満足や価値が減ってしまう財・サービスや、お金を払った人にだけ供給することができる、財・サービスのこと。

コースの定理 [Coase Theorem]

ピグー税[p103]と違い、政府が介入しなくても、民間の自発的な交渉によって解決されるという考え方のこと。

イギリス出身のロナルド・コース（1910〜2013）にちなんで、こう呼ばれている。

① たとえば、工場から有害な煙を排出している企業と、地元住民との間での交渉のケースで考えてみる。

② 住民の健康のためには、工場からの有害な煙がなくなったほうがいいが、住民の中には、その工場で働いている人もおり、工場は必要である。

❸ そこで、どこで折り合いをつけるかを考える。きれいな空気を吸う権利を地元住民側がもっていたとすると、企業側は有害な煙を排出する時間を縮めたり、有害な煙を少なくする装置などにコストをかけることで、対応を図ろうとする。

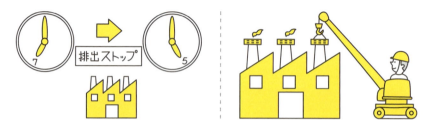

❹ その際、コストをできるだけ抑え、生産量を上げたい企業は、住民がどれくらいの被害を受け、どこまで対応策をとれば住民は納得するのか、その適切な生産量を模索する。

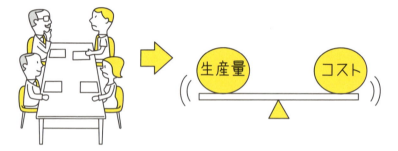

❺ 住民側は、企業に補償金などを含めて最大限の対応策を要求しつつ、要求しすぎて企業が工場を閉鎖したり、生産量を大幅に減らして、従業員を解雇する事態になっては困るので、その折り合いを見つける。

こうした両者の歩み寄りで、最適な資源配分[p75]が可能となるという考え方がコースの定理である。

6 ただ、この定理が成り立つためには、いくつかの条件がある。まず最初の段階で、権利や義務がはっきりしている必要がある。条件とは、たとえば以下である。

・きれいな空気を吸う権利を住民はもっている。

・住民がどれだけ有害な煙で被害を受けているのか、金額が把握できる。

・両者が負担しなければいけない費用が分かっている。

・経済主体の数（企業や住民の数）が限定されていて、相互に交渉しやすい。

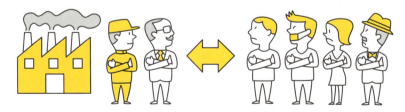

しかし、現実は、権利関係がはっきりしないケースが多い。当事者が多かったり、交渉を進めるための人材や時間、お金がかかるなど、コースの定理が成り立つためのハードルは高い。

モラル・ハザード〔Moral Hazard〕

何かの取引をした後に起こる、情報の非対称性[p112]が生み出す問題の1つ。

① たとえば、自動車保険市場を見てみる。

② いったん自動車保険に加入してしまうと、多少ぶつけても保険が下りてくるからと運転がおろそかになったりする。

③ あるいは傷をつければ、保険を使ってきれいに修理してもらえるからと、故意にぶつけたりするような行動を取る危険がある。

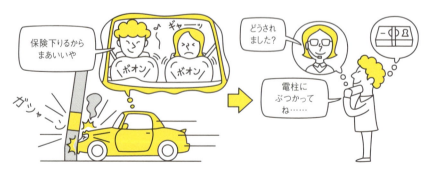

これは保険会社側に、被保険者が故意に事故を起こしたのか？ あるいはただの不注意なのか、などの情報が手に入らないという、情報の非対称性のために生じる問題である。これが原因でモラル・ハザードが起こる。

割引現在価値
[Present Discounted Value]

将来の時点における価値[p16]を、現在の価値に換算した金額を指す。これは現在の価値と将来の価値が違うことから生じる。

❶ たとえば、現在の100万円と1年後の100万円を比べた際、現在の100万円のほうに価値がある。

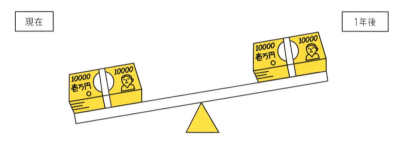

❷ 現在の100万円を年利5％の銀行預金に預けた場合では、1年後に105万円になる可能性がある。

❸ しかしその一方で、知人にお金を貸して、1年後に100万円返すと約束されても、1年経ったら98万円しか返ってこない、というリスクがある。

❹ このように、現在の100万円には運用して利益を出せるチャンスがある一方、1年後の100万円には100万円で戻ってこないリスクもある。

❺ したがってお金の価値は、未来になればなるほど小さくなっていく。そこで時間軸の異なるお金の価値を比較する際には、時間軸を調整する必要がある。

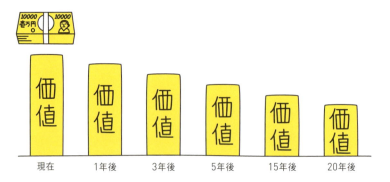

❻ 現在100万円の価値の1年後の将来価値は、前述の❷の例だと105万円になる。一方、1年後の100万円が5％で運用した結果と考えると、現在の価値は以下の計算で出され、おおよそ以下の金額である。

$$100万円 \div (1 + 0.05) = 95.2万円$$

7 将来の現金が、現在のいくらに相当するかを計算するためには、このように利率で割り引くことで計算することができる。この利率（ここでは5％）を割引率といい、こうして計算された価値を割引現在価値（ここでは95.2万円）という。

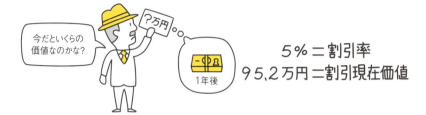

8 同様に、2年後の100万円の割引現在価値は、おおよそ以下の金額になる。

$$100万円 \div (1+0.05) \div (1+0.05) = 90.7万円$$

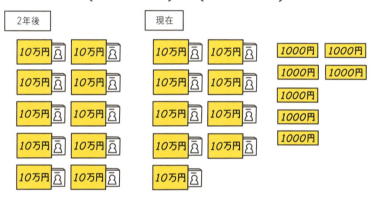

9 また、3年後の100万円の割引現在価値は、おおよそ以下の金額である。

$$100万円 \div (1+0.05) \div (1+0.05) \div (1+0.05) = 86.4万円$$

情報の非対称性
[Information Asymmetry]

売り手と買い手がもっている情報が同等でないこと。これによって生じる、市場の失敗[p89]という状態がある。

アメリカの経済学者、
ジョージ・アカロフ（1940～）によって提唱された。

① 中古車市場を例に考えてみる。ある中古車ディーラー（売り手）は、50万円の価値のある中古車と、20万円の価値のある中古車を、半分ずつもっている。

② 売り手は、その2種類の中古車の価値[p16]の違いを理解しているが、買い手はそれを理解していない、つまり情報の格差（情報の非対称性）がある。

③ すると買い手は、どの車の品質がいいのか、わからないので、50万円の車を買うのをためらい、30万円位の車を買おうとする。

❹ 売り手は、買い手が30万円で買おうとしているのであれば、
20万円の車を30万円で売ろうとする。

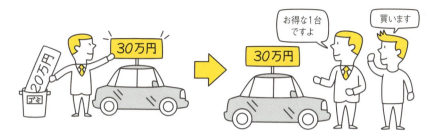

❺ そして売り手は、高品質な50万円の中古車を30万円で売っても儲からないので、
高品質な中古車の取り扱いを止める。

❻ すると、結局市場には低品質の中古車ばかりが出回ってしまう。

❼ 米国の中古車業界では、不良な中古車を「レモン」と呼ぶことから、
こうした情報量に格差がある市場は「レモン市場」と呼ばれる。

第 2 章 ミクロ経済学

サミュエルソンの公式
[Theorem of Samuelson]

個々人が、国などから公共財[p104]を1単位追加で供給してもらうために、どれぐらいまで私的財[p104]を手放す用意があるかを示したものの合計。すなわち社会全体が公共財を得るために支払う金額と、公共財1単位を追加で生産するのに必要な追加コストがバランスする点が、公共財の最適な供給点となること。

アメリカの経済学者、ポール・サミュエルソン（1915〜2009）[p274]によって提唱された。

① ある国で、総工費100億円のダムを建設する案がもち上がった。ダムを作れば水不足が解消され、治水対策にもなる。社会全体で100億円払ってもよいとされたならば、100億円をかけてダムを建設することになる。

② ダムの建設費用を、各個人がそれぞれいくら払っていい、と思っているのか（各個人の限界評価）に応じて負担すれば、公共財（この場合はダム）は適切に国民に供給される。

❸ この国民は、以下のようにダムの費用を考えており、公共財1単位（この場合ダム1つ）を作るのに、各人がどれ位まで負担してもいいかの合計額が、最適な供給点になる。

10万円＋50万円＋3万円＋○万円＋○万円…………＝合計額が最適な供給点

❹ しかし、誰がどれだけ負担していいと考えているかを、政府が把握することは難しく、ダムが完成したら、そのダムの恩恵や効果から、特定の人だけ排除することはできない。

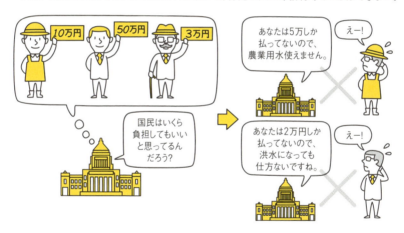

❺ だから、コストは負担したくはないけれど、ダムのメリットは享受したいというフリーライダー（ただ乗り）の問題が生じることとなる。

よって、適切なコスト負担が難しいことが、公共財の適切な供給を困難にしているのである。

需給ギャップ [Supply-Demand Gap]

需要と供給[p34]の間にギャップ（差）があるという意味。供給が需要よりも大きい場合は、モノが余っている状態であり、デフレーション[p159]に繋がる。

❶ 色々なモノが作られて市場に出回っているが、モノを欲しいという人（需要）が少ない。

❷ モノが売れないので、供給側（企業）は価格を下げてでも、モノを売ろうとする。

❸ すると、価格が下がることで、企業の業績は悪くなりコストを下げようとする。仕入業者に価格引き下げを要求したり、従業員の賃金を下げたりするので、景気が悪化する。

価格の自動調節機能
[Automatic Adjustment Function of Price]

市場における価格[p100]が、自動的に需要と供給[p34]の量を一致させる機能をもっていること。

❶ 完全競争市場で価格の競争が行われているとする。

❷ その市場において、もし需要と供給のバランスが崩れたとしても、価格が変化することにより、需要と供給は一致する方向に動く。

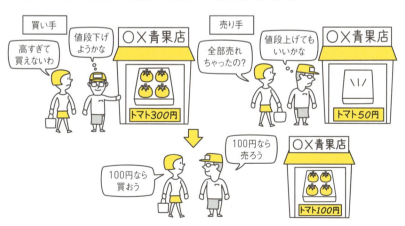

このような価格の変化は、市場[p20]において自動的に行われる。アダム・スミス[p254]はこの市場経済の状況を「見えざる手」と形容した。

市場価格 〔Market Price〕

財・サービス[p13]が取引される完全競争市場[p70]において、需要と供給[p34]の関係の下で実際に成立する価格[p100]のこと。

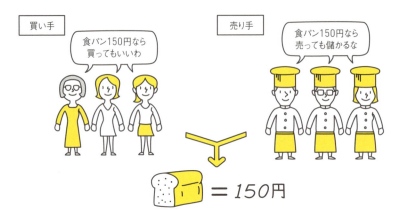

均衡価格 〔Equilibrium Price〕

完全競争市場[p70]において、需要量と供給量が釣り合った時の価格[p100]のこと。需要曲線[p37]と供給曲線[p38]の交わった点で表される。

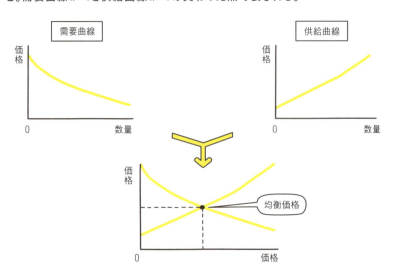

市場メカニズム ［Market Mechanism］

完全競争市場[p70]においては、需要と供給[p34]のバランスで財・サービス[p13]の価格[p100]が決まり、その価格に合わせて供給側の生産や、需要側の消費が調整されるメカニズムのこと。

❶ 資源は限られているので、どんなモノを、どの位、どのように生産するかを考えなければならない。

❷ 売る側から見ると、価格が安い時は売りたくないので、出荷を減らし、価格が高い時は儲けたいので出荷を増やす。

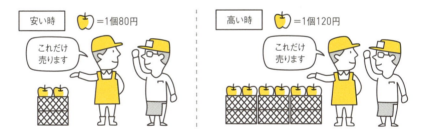

❸ 買う側から見ると、価格が高い時はあまり買いたくないので消費を抑え、価格が安い時は沢山買う。

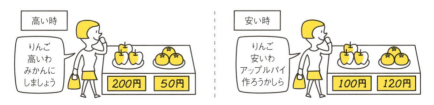

このような需要と供給のバランスで価格が決まり、その価格に応じて売り手側の生産量や、買い手側の消費量が調整される。

Macroecono

マクロ経済学 第3章

GDP（国内総生産）
[Gross Domestic Product]

一定期間に、1つの国で新たに生み出された付加価値[p155]の総計。その国の経済全体のパフォーマンスを測る指標となる。国内で生産される財・サービス[p13]なので、その国の国民や企業はもちろん、その国に住んでいる外国籍の人や、外国企業の経済活動も含まれる。国の通信簿ともいえる。

① GDPに算入されないのは、以下の4つである。

② 1つ目は、GDPに算入される最終生産物[p142]を生産するために使われた、中間生産物[p142]である。中間生産物を除かないとGDPに二重計上され、過大計上となる。たとえば、アイスクリーム店が牛乳を牧場から仕入れたとする。

❸ その場合、GDPに算入されるのはアイスクリームの生産額で、牧場がアイスクリーム店に販売するために生産した牛乳は、中間生産物としてGDPから控除される。

❹ 次に中古品の売買である。たとえば車の場合、中古車となる前の新車を生産した段階でGDPに算入されるが、中古車は新たに生産されたものでないため、算入されない。

❺ 3つ目は、市場を通さない取引である。
たとえば、家事サービス等がその典型である。

❻ 4つ目は、犯罪組織などによる非合法な取引である。
たとえば、麻薬の売買などは地下経済といわれ、GDPには算入されない。

第 3 章 マクロ経済学

GNP（国民総生産）
[Gross National Product]

一定期間に、その国の国民が新たに生み出した付加価値[p155]の総計のこと。

1 その国の国民が生み出した付加価値の総計なので、どこの国で生み出されたのかは関係ない。たとえば日本の場合、海外で働く日本人が生み出した付加価値も含まれる。

2 GNPはGDP[p122]に基づいて計算されるが、GDPと異なり、国内における外国籍の人や、外国企業の経済活動によって生み出された付加価値は含まれない。

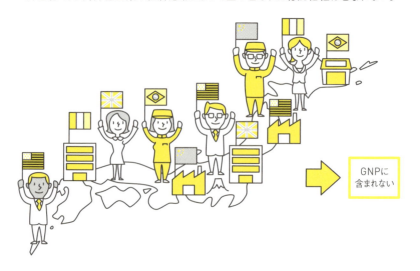

GNPに含まれない

NDP（国内純生産）
[Net Domestic Product]

GDP[p122]から固定資本減耗を差し引いたもの。固定資本減耗とは減価償却費[p65]のこと。以下の式で表される。

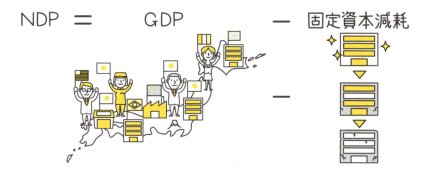

その国で新たに生産された付加価値を正確に出すため、設備などの価値の減少分である固定資本減耗を、費用として付加価値額合計から差し引いている。

NNP（国民純生産）
[Net National Product]

GNP[p124]から、固定資本減耗（減価償却費[p65]）を差し引いたもの。以下の式で表される。

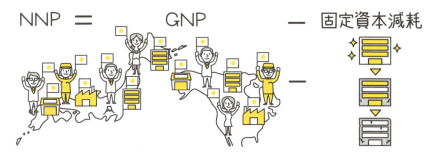

ある国の国民が、新たに生産した付加価値を正確に出すために、設備などの価値の減少分である固定資本減耗を、費用として付加価値額合計から差し引いている。

SNA（国民経済計算）
[System of National Accounts]

5つの表から構成され、その国のフロー[p128]やストック[p128]をとらえる。世界の多くの国々が同一基準に基づくSNAを作成しており、国際的な比較が可能である。国際連合などの勧告による、世界共通の基準と概念に基づき作成され、その国の経済全体を記録する、包括的な体系のことを指す。

① 「国民所得勘定」……ある期間内に新しく生産された財・サービス[p13]を把握するもの。中間生産物[p142]を除いた付加価値を集計する生産面からとらえる方法、最終需要を集計する方法、賃金や利潤等、所得の分配面からとらえる方法の3つがある。

② 「産業連関表」……投入産出表とも言われ、投入と産出を行列表示することにより、ある期間内における、すべての財・サービスの生産と、それがどこで利用されたのかを把握するもの。

販路構成 →

		産出	中間生産物			最終需要				国内生産額
投入			食料品	衣服	計(A)	消費	固定資本形成	その他	計(B)	(A+B)
中間投入	食料品		100	10	110	80	20	20	120	230
	衣服		20	80	100	70	10	10	90	190
	計(C)		120	90	210	150	30	30	210	420
粗付加価値	雇用者所得		60	50	110					
	営業余剰		20	30	50					
	その他		30	20	50					
	計(D)		110	100	210					
国内生産額(C+D)			230	190	420					

費用構成 ↓

A+B=C+D となる

❸ 「国際収支表」……ある期間内の海外との財貨・サービスの取引や、海外との所得の受払い、移転のやり取りを示すもの。

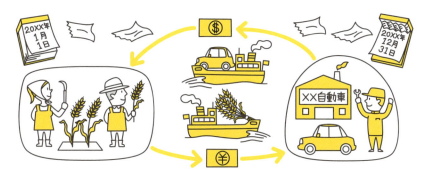

❹ 「資金循環勘定」……❶〜❸は財貨・サービスの取引（実物取引）の記述だが、これは実物取引の裏側にある資金の流れや、実物取引とは独立した金融取引（借入による株式購入など）を扱う（フロー）。また、ストックである金融資産や負債残高も扱う。

❺ 「国民貸借対照表」……❶〜❸はすべてフローを取り扱うものだが、この表はフロー取引、資産価格の変動の結果として残るストックを示したもの。金融資産・負債のバランスシートだけでなく、住宅、ビル、機械設備、土地などの有形固定資産やソフトウェアなどの無形固定資産の価値が評価される。

フロー [Flow]

一定期間に、どれだけモノが減ったり増えたりしたのかを示したもの。財・サービス[p13]の流れを示すGDP[p122]などが、フローの代表例である。

- たとえば、1年間にどの位自動車が作られたか、ビルが建てられたか、道路が作られたのか、などを示す。

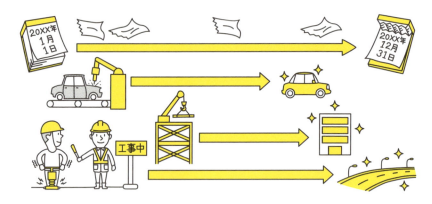

ストック [Stock]

過去から現在に至るまでのフローの結果、どれだけモノが蓄えられたのかを示したもの。国富ともいい、ある一時点におけるその国の「顔」である。

- たとえば、ある時点でどれぐらい自動車を保有しているのか、ビルや道路がどれだけあるか、という蓄積結果を示したもの。

名目GDP [Nominal GDP]

物価[p134]の変動の影響を考慮していないGDP[p122]のこと。

❶ 名目とはどういう意味か？ たとえばここに、みかんしか作っていない国があるとする。

❷ この国では、みかん1個あたり100円で売っており、去年のみかんの生産量は1000個ならば、この国のGDPは以下の金額になる。

100円×1000個＝10万円

❸ そして今年は、物価が2割上がったのでみかんを1個120円で売り、生産量が1200個に増加したとする。すると今年のこの国のGDPは以下の金額になる。

120円×1200個＝14万4千円

とすると、去年のGDPは10万円で、今年のGDPは14万4千円なので、GDPは4万4千円上がったことになる。ただしこの額は、物価が2割上昇した影響を除いていないので「名目GDP」と呼ぶ。

実質GDP [Real GDP]

物価変動の影響を取り除いたGDP[p122]のこと。名目GDP[p129]と区別される。

① 「実質」とはどういう意味か？
みかんしか作っていないある国で、みかん1個あたり100円で売っていて、去年の生産量が1000個だったとすると、この国のGDPは以下の金額になる。

② そして今年は、物価[p134]が2割上がったので、みかんを1つ120円で売った。生産量が1200個に増加したとすると、今年のこの国のGDPは以下の金額になる。

③ しかし、物価が2割上がった分の影響を取り除くと、みかん1個が100円で生産量が1200個という計算になるので、今年のこの国のGDPは以下の金額になる。

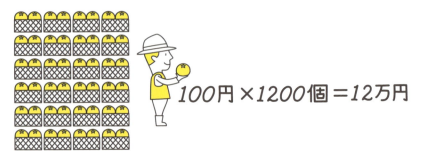

つまり、この額は去年を基準年として、物価が2割上昇した影響を除いているので「実質GDP」と呼ぶ。

GDPデフレーター 〔GDP Deflator〕

ある国の名目GDP〔p129〕から、実質GDP〔p130〕を算出するために用いられる指数であり、物価〔p134〕の動向が分かる指標のこと。

1 GDPデフレーターは以下の式で算出される。

$$GDPデフレーター = 名目GDP ÷ 実質GDP × 100$$

2 名目GDPと実質GDPで触れた、A国のみかんの生産量を、去年と今年で比較してみる。

	去 年	今 年	
		名目GDP	実質GDP
	100円 × 1000個 =10万円	120円 × 1200個 =14万4千円	100円 × 1200個 =12万円

3 この表で表される名目GDPと実質GDPを、GDPデフレーターの式で計算すると以下になる。

$$14万4千円 ÷ 12万円 × 100 = 120$$

この数字から、基準年（この場合去年）を100としたときに、100超であれば物価が上昇しており（インフレーション〔p156〕）、100未満であれば物価が下落（デフレーション〔p159〕）していることが分かる。

1人あたりGDP
[GDP Per Capita]

GDP [p122] の総額を、人口で割って求めたもの。国民の生活水準を表す。

❶ GDPが大きいほど、経済的に豊かであると一般的には言われているが、GDPは人口の多い少ないの影響を受けるので、1人あたりGDPでとらえたほうが、国民の豊かさをより的確に示しているといえる。

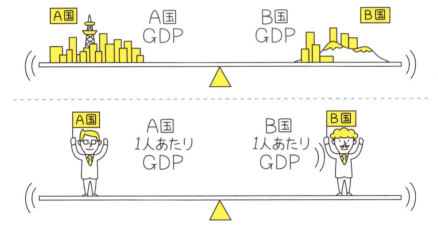

❷ 国同士の1人あたりのGDP比較をするときは、物価 [p134] の影響などが為替に反映されるため、1人あたり名目GDPを使う。

❸ 一方、長期にわたってある国の生活水準の変化を見る場合は、人口の増減による影響を除いた、1人あたり実質GDPでとらえるのが効果的である。

NI（国民所得）[National Income]

ある一定の期間（通常は1年間）に、その国の国民が稼いだ所得の合計額（付加価値[p155]）のこと。

❶ 国民所得は、以下の計算式で求められる。

$$NI（国民所得）＝NNP（国民純生産）－間接税＋補助金$$

❷ ある国の国民は、みかんだけを作っていたとする。今年のみかんの生産量は1000個、価格は100円、固定資産減耗（減価償却費[p65]）が1万円だったとすると、その国のGNP[p124]とNNP[p125]は以下の計算になる。

GNP……100円×1000個＝10万円
NNP……10万円－1万円＝9万円

❸ みかん100円の中には、間接税（消費税）分が10円含まれている一方、みかん生産者は、みかん1個あたり国から補助金を5円受け取っていたとすると、間接税（消費税）の総額は10円×1000個＝1万円、補助金の総額は5円×1000個＝5000円となる。

❹ だから、国からもらっている補助金の額を加え、国に支払っている間接税の額を差し引けば、その国民が本当に稼いだ所得が分かる。

$$8万5000円 ＝ 9万円 － 1万円 ＋ 5000円$$

　この国の国民所得　　国民純生産　　間接税　　補助金

第3章 マクロ経済学

物価 [Price]

物の価格[p100]のことを指すが、通常は個々の財・サービス[p13]の価格ではなく、色々な財・サービスの価格を総合的にとらえたものを指す。

物価指数 [Price Index]

物価[p134]がどのように動いているかを知るために、色々な財・サービス[p13]の価格変動を指数で表したもの。

● 物価の上がり下がりを測るには、ある年を基準年と決めて、その年の物価を100として、上り下がりを測定する。

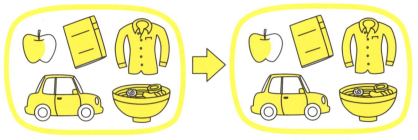

今年の物価が100より上なら「物価が上がった」、100より下なら「物価が下がった」という。

消費者物価指数（CPI）
[Consumer Price Index]

消費者が、日常的に購入する財・サービス[p13]の平均的な価格[p100]を指数化した指標で、物価[p134]の動向を知るうえで、もっとも重要な指標である。

❶ ここにA国があるとする。この国の国民が昨年1年間で色々な物を消費した。

❷ その消費した物を見てみると以下になっており、合計額が100万円だったとする。

3 仮にこのA国で、今年も同じ物を同じ量だけ購入したら、
合計金額が105万円だったとする。

4 去年の消費額が100万円、今年の消費額は105万円。去年の100万円を100とすると、今年は以下の数字であり、これが去年と比較した時の今年の消費者物価指数となる。

$$去年の消費額＝100万円 \to 100$$
$$今年の消費額＝105万円 \to 105$$

物価上昇率＝5.0％

5 この消費者物価指数では、財・サービス1つ1つの価格が、どの位上がったり下がったりしてるかではなく、全体としての物価の上がり下がりを見ることができる。

6 この消費者物価指数は、電気やガスなどの公共料金、交通機関の料金や年金などの価格改定の指標に使われている。

❼ 日本の消費者物価指数で見てみると、指数には家電、食料、家賃、公共料金などの価格が含まれている。

❽ ただし、生鮮食品は天候などの一時的要因で価格が変動しやすいため、中期的な物価の動きを測る上では、生鮮食品を除いた消費者物価指数（コアCPI）が重視されている。

❾ また、アメリカ等諸外国で重視されている指標と同様のものとして、コアCPIから「食料（酒類を除く）及びエネルギー」を除く総合指数（通称、コアコアCPI）がある。

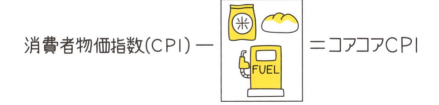

日本は長期のデフレーション[p159]に苦しめられており、デフレ脱却という観点から、CPI（コアCPI）が重視されている。また各国の中央銀行[p154]が金融政策を運営するうえで、目標として示す物価の水準はCPIが目安とされることが多い。物価目標の数値や期間、目的などは国・地域によって違いがあるものの、通常は中央銀行が政府と緊密に連携しながら、目標数値を決めている。

企業物価指数（CGPI）
[Corporate Goods Price Index]

企業間で取引される財[p13]の価格変動を測定する指標のこと。速報性が高いことから、景気動向や金融政策を判断する際の材料とされる。

① 企業物価指数を見る際、注目したいのは需要段階別
（原材料、中間生産物[p142]、最終生産物[p142]）の企業物価動向である。

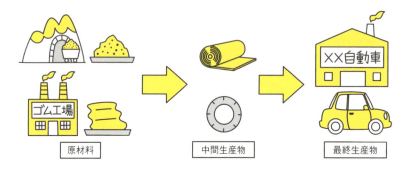

② 物価の動きは「原材料→中間生産物→最終生産物」の順に連鎖する。

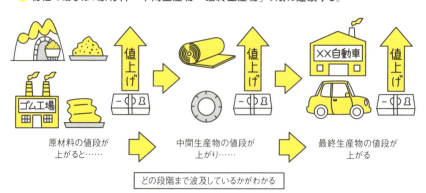

③ 最終生産物の物価動向は、消費者物価を通じて、個人消費に影響を与えることからも、おさえておきたい指標であるといえる。

生産者物価指数（PPI）
[Producer Price Index]

アメリカで使われている指標で、国内の生産者の卸売り価格を指数化したもの。
CPI[p135]と共にインフレ率及び、物価変動率の判断材料として使われる。

1 PPIは、企業[p52]が財・サービス[p13]を販売する際の価格変動を指数化したもの。
原材料、中間生産物[p142]、最終生産物[p142]といった製造段階別、
品目別、産業別の数値を細かく発表している。

2 その中でも、食料品やエネルギーなど、天候や季節の影響を受けて
価格が変動しやすいものを除外したコアPPIが重要視されている。

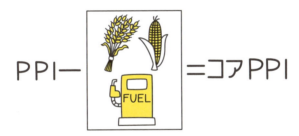

3 このPPIは、将来的なインフレ[p156]の可能性を探るべく、
企業から消費者へコスト転嫁の度合いを測る指標ともいえる。

生産者物価指数は、日本の企業物価指数（CGPI）[p138]に相当する。

経済成長 [Economic Growth]

ある国の財・サービス[p13]の総生産量（GDP[p122]）が、時間の経過に従って増加、成長していくこと。

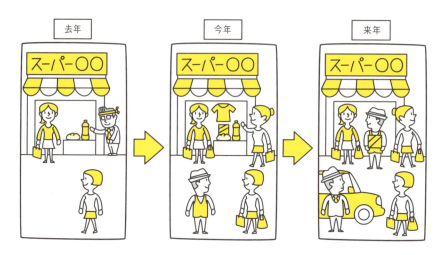

経済成長率 [Rate of Economic Growth]

ある国で一定の期間に、どの位経済が成長したかを示したもの。
GDP[p122]やNI[p133]の増減で測られる。

・A国で、去年と今年ではどの位成長しているか？

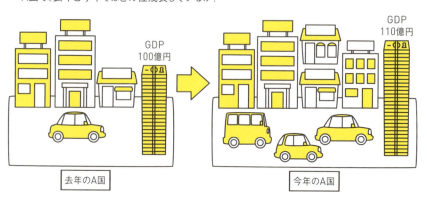

名目経済成長率
[Rate of Nominal Economic Growth]

ある一定期間で、名目GDP[p129]が、どの位成長しているかを表す率のこと。

・たとえば、みかんしか作ってないA国で考えると……。

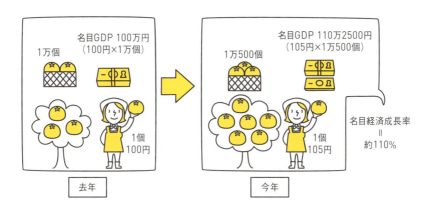

実質経済成長率
[Rate of Real Economic Growth]

ある一定期間で、実質GDP[p130]がどの位成長しているかを表す率のこと。

・たとえば、みかんしか作ってないA国で考えると……。

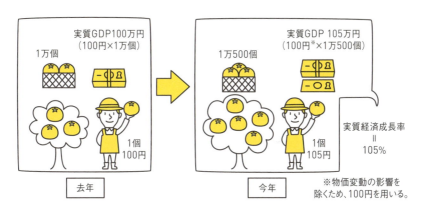

最終生産物 〔Final Product〕

最終的に消費、投資、輸出にまわり、GDP[p122]に算入されるもの。
最終財ともいう。

● たとえば、パン屋で考える。

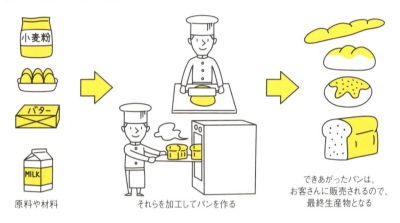

原料や材料　　それらを加工してパンを作る　　できあがったパンは、お客さんに販売されるので、最終生産物となる

中間生産物 〔Intermediate Product〕

最終生産物[p142]を作る生産過程において投入される、原料や材料のこと。
中間財ともいう。

● たとえば、パン屋で考える。

パン屋の場合、上記のような材料が中間生産物である　　　　最終生産物

所得 [Income]

経済活動や生産活動に関わった人が、その対価として受け取る報酬のこと。

生産国民所得 [Productive National Income]

産業別国民所得ともいう。ある国の国民が生産した額の合計のこと。以下の各産業の合計である。

農業、水産業、林業など、自然から収穫する産業

建築や製造業など、原材料を加工する産業

それ以外の通信、保険等のサービス産業

分配国民所得
[Distribution of National Income]

NI[p133]を、生産に参加した生産要素[p15]への分配面からとらえたもので、雇用者所得と営業余剰の合計のこと。

支出国民所得
[Expenditure National Income]

支出の面からとらえたNI[p133]のこと。以下の式で求められる。

民間最終消費支出 ── 国民が財・サービスを使った総額
＋
政府最終消費支出 ── 政府が公共サービスや公務員の給料に使った総額
＋
国内総固定資本形成 ── 建物や機械を追加で買った総額
＋
在庫品増加 ── 企業がもつ在庫の増加分を金額で表したもの
＋
純輸出 ── 輸出額から輸入額を引いたもの
＝
支出国民所得

ただし、国民所得なので、ここから固定資本減耗[p65]、及び「間接税－補助金」が差し引かれている。この点が、支出面から見たGDP[p122]とは異なる。

所得の再分配
[Redistribution of Income]

市場経済を通じて配分された所得[p143]の格差を改め、正す役割のこと。

❶ 市場経済は競争社会であり、必ず所得の格差が生じる。

❷ この格差を正すため、政府が様々な仕組みで、高所得者から低所得者へと再配分する。

❸ たとえば、所得が多いほど税率を高くして、税金額や税金の負担割合も上がるという累進課税制度[p146]がある。

所得低い　　　　　　　　　　　　　　　　所得高い
税金(税率)低い　　　　　　　　　　　　　税金(税率)高い

❹ また、税金を失業者に給付金として支払うなどを通じ、所得の低い人に給付する、という社会保障制度で格差の広がりを正す。

累進課税制度
[Progressive Tax System]

所得[p143]が多いほど税率を上げることで、所得の高い人ほど税金の絶対額だけでなく、所得に占める税金の負担割合も上がる制度のこと。

❶ まず、比例税率の場合を考えてみる。ある国で税金の率が5％だったとする。

❷ この国で働くAさんの所得は100万円、Bさんは200万円、Cさんは500万円、Dさんは1000万円だったとする。

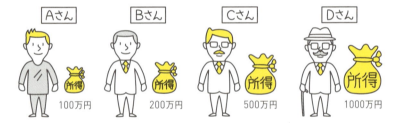

❸ 比例税率の場合、税金は以下のようになる。
所得が上がると税金も上がるが、所得に占める割合は常に5％である。

	所得	税金
Aさん	100万円	5万円
Bさん	200万円	10万円
Cさん	500万円	25万円
Dさん	1000万円	50万円

4 次に累進税率の場合を考えてみる。
　この国の累進税率は以下のようになっているとする。

所得	累進税率
100万以下	5%
100万円超～200万円以下	8%
200万円超～500万円以下	10%
500万円超	15%

5 この場合、所得が上がれば上がるほど、税率も上がるので、
先のAさん、Bさん、Cさん、Dさんの納税額は以下になる。

	所得	税金
Aさん	100万円	5万円
Bさん	200万円	16万円
Cさん	500万円	50万円
Dさん	1000万円	150万円

6 つまり、所得が増えると税金の額だけでなく、所得に占める比率も上がり、
所得が高くなるほど負担が重くなる制度である。

7 この制度によって、富の集中を避けて、所得の再分配[p145]が可能となる。

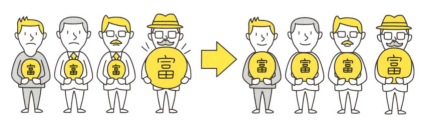

三面等価の原則
[Principle of Equivalent of Three Aspects]

GDP[p122]を生産、分配、支出の3つの点から見たとき、この3つが同じ金額になるという原則。

① 生産とは、ある期間にその国で作られた財・サービス[p13]の付加価値を
   すべて合計したもの。

② 分配とは、その国がある期間に財・サービスを生み出したことで得られた収入が、
   何に分配されたのかを示したもの。

③ 支出とは、ある期間にその国の人が分配された賃金等をもとに、財・サービスを
   食べたり飲んだり使ったりして消費すること。

④ その3つの額が同じであることを、三面等価の原則と言う。

5 たとえば、りんごだけを作っているA国があるとする。ここには5人が暮らしている。この国のりんご農園の所有者はAさんで、残りの4人はAさんの農園で働いている。

6 ある年に、りんごが200万円分収穫できた。
Aさんは、4人に労働の対価として30万円ずつ賃金を払い、
残りの80万円は農園の利益として、所有者のAさんに分配される。

7 受け取ったお金でAさんは80万円分のりんごを、残りの4人はそれぞれ30万円分のりんごを購入したとする。

8 以上を整理すると、下の図のように、生産、分配、支出の額が同じとなり、三面等価の原則が成立する。

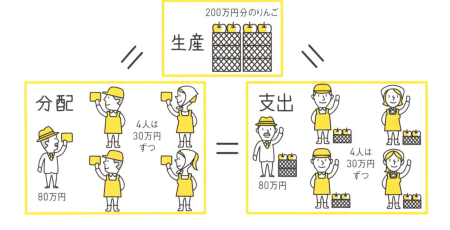

9 分配面のGDPを詳しく見てみると、以下の式になる。この式の右側の部分は国内総所得（GDI）と呼ばれる。つまり、「分配面のGDP＝国内総所得（GDI）」である。

$$GDP(分配面)＝雇用者所得＋営業余剰＋固定資本減耗＋(間接税－補助金)$$

10 雇用者所得とは、企業が生産活動で得た収入を、賃金という形で労働者に分配される分である。営業余剰とは、企業の収入を経営者に報酬として支払ったり、資金を提供している株主に対して配当金として支払う分である。

11 また生産するために必要な、機械や工場などの設備の価値の減少（固定資本減耗[p65]）分も含まれる。

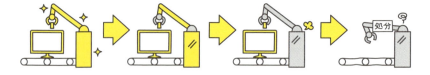

12 また税金のうち、消費税などの間接税は分配の対象となるが、補助金は企業の収入に相当するため、分配の観点からは控除する。

13 次に支出面のGDPを詳しく見てみると、以下の式になる。この式の右側の部分は国内総支出（GDE）と呼ばれる。つまり「支出面のGDP＝国内総支出（GDE）」である。

$$GDP(支出面)＝民間最終消費支出＋政府最終消費支出＋国内総固定資本形成＋在庫品増加＋純輸出$$

14 民間最終消費支出は、企業や個人が財・サービスを消費する際に払った費用のこと。

15 政府最終消費支出は、政府が負担する支出で、公務員への給料、公的保険医療制度の負担、公的施設の固定資本減耗や公的機関による財・サービスへの支出が含まれる。

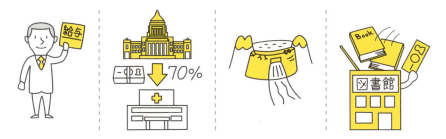

16 国内総固定資本形成とは、その年に国や企業や個人が新たに追加した固定資本（建物や機械など）の総計のことで、その年にどれだけ投資したのかを示したもの。

17 在庫品増加とは、その年に企業が作った商品が、今後売上になり利益に繋がると位置づけられるので、売れておらず在庫として残っていても、将来の支出とみなされる。純輸出は輸出から輸入を引いた額のことで、海外でどれだけ自国の財・サービスが消費されたのかを示したものである。

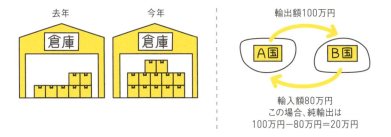

このように、生産（GDP）＝分配（GDI）＝支出（GDE）となることを、三面等価の原則と言う。

貨幣 [Money]

財・サービス[p13]を受け取った時に、対価として支払う「お金」のこと。貨幣の役割は3つある。

① モノの価値を表す……あらゆるものに値段をつける。

② 支払いの手段になる……交換をするときの決済に用いる。

③ 蓄えられる……将来に備えられる

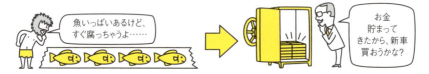

金融 [Finance]

家計[p19]、企業[p52]、政府間で、お金が余っている人が、お金が足りない人に資金などを融通し合うこと。

銀行 [Bank]

個人や企業[p52]から資金を預かり、個人や企業に対して資金を貸し付ける業務を行う金融機関。業務は主に以下の3つである。

❶ 貸す側と借りる側の仲介。

❷ 銀行の口座を使った、決済をする機能。

❸ 銀行が預金と貸し出しを繰り返して、お金を増やしていく機能。
信用創造[p192]という。

たとえば上の絵のように、預かった貯金の一部を貸出し、また預金として預かり、その一部を貸出し、また預金を預かる……と繰り返すのが信用創造である。

中央銀行 〔Central Bank〕

その国の通貨や金融[p152]の制度を担う中心的な機関。日本では日本銀行、アメリカでは連邦準備理事会（FRB）など、名称は様々である。役割は主に3つある。

1 紙幣を発行する役割

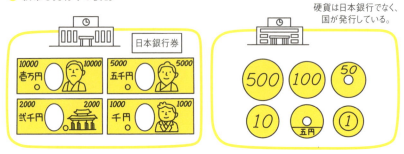

2 政府の銀行としての役割

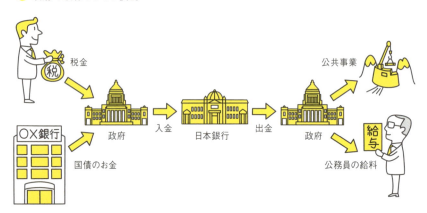

3 銀行の銀行としての役割

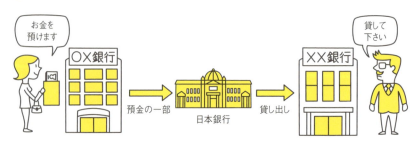

付加価値 [Added Value]

企業[p52]などが新たに作った財・サービス[p13]の生産額から、それを生み出すために使われた原材料費や中間生産物[p142]の額を差し引いたもの。

❶ あるパン屋に、農家が小麦粉を卸した。その小麦粉には中間生産物がないと考えると、農家は以下の付加価値を生み出している。

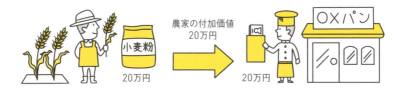

❷ そしてパン屋はその小麦粉で、50万円分のパンを作った。そして35万円分をお店で売り、その美味しさの評判を聞いたホテルに、15万円分のパンを売った。

パン屋の付加価値……50万円−20万円(農家の付加価値)=30万円

❸ ホテルは15万円分のパンを、丁寧なサービスと共に30万円で売った。

ホテルの付加価値……
30万円−15万円=15万円

❹ 以上を見ると、最終生産物の合計は、付加価値の合計と一致する。

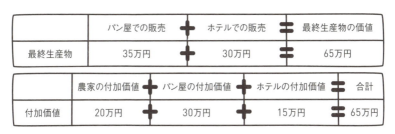

	パン屋での販売	ホテルでの販売	最終生産物の価値
最終生産物	35万円	30万円	65万円

	農家の付加価値	パン屋の付加価値	ホテルの付加価値	合計
付加価値	20万円	30万円	15万円	65万円

インフレーション [Inflation]

物価[p134]が継続的に上昇し、実質的な貨幣[p152]の価値[p16]が長期にわたって下がること。インフレの原因には3つ考えられる。

● インフレとは、財・サービス[p13]の値段が上がり、お金の価値が下がること。

① 原因の1つ目は、幅広い分野の財・サービスにおいて需要が供給を上回るケース。財・サービスが不足していることから、価格が上昇し、インフレが起きる。

・ある商品を「欲しい」と思う人が増える。

・欲しい人は、値段が高くても買いたいと思っているので、売る側が有利な状況である。よって売り手はなるべく儲けたいので、価格を上げる。価格が上がると、物価が上がる。

② 原因の2つ目は、商品を製造するコストが上がるケース。

・会社の労働者が賃金値上げを要求したので、給料を上げることになった。

- 商品の原材料の価格が上昇してしまった。

- 人件費や原材料費のコスト上昇分を埋め合わせるために、商品の価格を上げたことによって、物価が上昇して、インフレが起きる。

❸ 3つ目は、お金の供給量が増えることによって、インフレが生じるケース。

- 経済成長率を上回るお金が供給されると、給料が増える。

- すると、人々は購買力が増えたように思い、沢山物を買うようになる。商品が売れると、給料が上がる。するともっと沢山買う。すると需要が増えて、価格が上がっていく。

ハイパー＝インフレーション
[Hyper Inflation]

短期間の間に、猛烈な勢いで進行するインフレ[p156]のことで、物価[p134]の上昇率が数十倍、数百倍、数千倍になってしまうこと。

① 多少のインフレ状態の場合、給料も上がり、需要も増えて、経済が成長している。

② しかし、たとえば政情不安で借金だらけの国があるとする。お金が足りなくなったので、大量のお金を印刷してばらまいた。すると、お金をもつ人が増えたが……。

③ 世の中に出回るお金が極端に増え、お金の価値は下がり、物の値段が急激に上がってしまった。

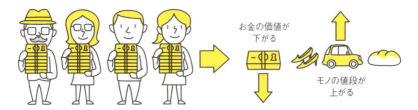

④ その状態が極端なインフレを、ハイパー＝インフレーションと呼ぶ。第一次世界大戦後のドイツや、2000年代のジンバブエの例がある。

デフレーション [Deflation]

物価[p134]が継続的に下降している状態のこと。財・サービス[p13]の価格が低下している状態ともいえる。

❶ 今まで3000円払わないと買えなかったシャツが、1000円で買えるようになった。

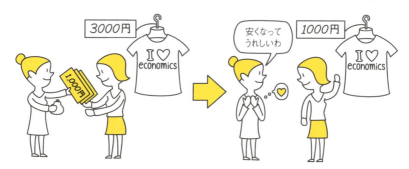

❷ 買い手側にとっては安くなっていいが、売り手側から見るとその分の利益が減るので、給料を下げたり、人員を削減したりする。

❸ 給料が下がると、その分の消費を抑えようとするので、財・サービスが売れなくなる。

❹ このようにして、物の値段が段々下がってくる。

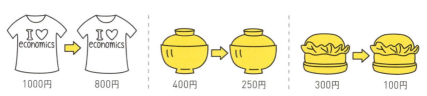

デフレスパイラル [Deflationary Spiral]

スパイラルとはらせんを意味する。経済がらせんのようにぐるぐる回りながら、落ち込んでいく状態のこと。

① デフレーション(デフレ)に陥ると、企業は商品の価格が下がり続けることで売上が減少し、先行きに悲観的になる。

② すると、設備投資を控えたり、従業員の給料を下げたり、さらには人員の削減に踏み切ったりする。

③ そうなると、企業や個人はますます将来への不安を抱くようになり、お金を使わなくなる。

④ その状態が、らせんのように続くと、経済は落ち込んでゆく。

スタグフレーション [Stagflation]

景気停滞（スタグネーション）と、物価上昇（インフレーション[p156]）とを合わせた言葉。景気[p196]が停滞している状況下で、同時に物価上昇が起こる現象。

① 一般的に、景気が後退ないしは停滞すると、需要が減少するため、物価は下落する。

② しかし、景気が停滞して、給与所得などが伸びないにもかかわらず、物価が上昇してしまう場合がある。これをスタグフレーションという。

③ 給料が上がらないにもかかわらず、物の値段が上がるので、国民にとってみれば厳しい状況と言える。

日本では、1973年の第一次石油危機（オイルショック）の時に、景気が停滞していたにもかかわらず、トイレットペーパーなどの値段が上がるという、スタグフレーションの状況に陥った。

バブル経済 [Economic Bubble]

株式や土地などの資産の価格[p100]が、その評価の基礎となる経済成長率[p140]から想定される水準よりも、大幅に上回る状況のこと。一般的には、1980年代後半の日本の好景気のことを指す。

① 1980年代前半、日本の経済が発展して、良質で安い日本の製品が沢山作られ、アメリカに輸出されていた。

② アメリカでは日本から輸入された製品のせいで、自国の製品が売れなくなってしまった。

③ 日本からの輸入品を抑えるためには、円高ドル安[p210]にすればいいと考え、1985年にプラザ合意が行われた。

円安ドル高
⇩
円高ドル安

④ 円高になれば、円の価値が上がるので、日本の製品をアメリカで売る時に、値段が高くなり、アメリカで日本の商品が売れにくくなる。

円安ドル高

円高ドル安

❺ 円高ドル安が進んで、輸出に頼っていた日本企業は大きな打撃を受け、日本は不況になってしまった。

❻ そこで当時の日本政府は、不況を打開するため、金利（銀行から借りる時に発生する利子）を下げて、会社の新事業等への投資をしやすくした。

❼ 金利が下がったことで、銀行でお金を借り土地を買う人々が急増した。そしてその土地を担保に銀行からお金を借り、また土地を買うことが繰り返され、土地の値段が上昇した。潤沢な資金は株式市場にも流れ込み、株価の急騰を招くこととなった。

❽ 結果、土地や株式の実質の価値とかけ離れた形で、値段だけが泡のように膨れ上がった。その後、金融引き締めに転じたことによる金利の上昇と、金融機関の不動産向け融資に対する規制などがあいまって、土地や株式の資産価格が下がっていった。

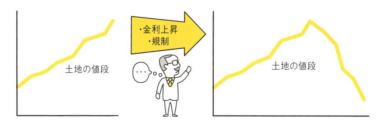

土地や株式の価格が大幅に下落したことで、企業や個人は損失を被ったばかりでなく、担保価値の下落により、借入金の返済も厳しくなる状況に陥った。金融機関は、貸していたお金が返ってこない不良債権問題に苦しむことになった。

準備預金制度
[Reserve Deposit Requirement System]

金融機関は、預金等の一定比率（準備率という）以上を、中央銀行[p154]（日本の場合は日本銀行）に預けることを義務づけられており、その制度のこと。

1. この制度は、市中の資金量を調整する金融政策の1つ。対象となる金融機関は、必ず日本銀行に口座をもっていて、そこに決まった額を預ける義務が課せられている。

2. 日本銀行が準備率を引き上げると、金融機関は日本銀行に預けなければならない資金が増えるため、市中の貸し出しに回す資金量が減少。結果、引き締めを行うことになる。

3. 逆に準備率を引き下げると、金融機関は貸し出しに回せる資金量が増えるため、金融緩和の効果が生まれる。

現在、日本をはじめ短期金融市場が発達した国では、この制度を金融緩和や引締めの手段としては利用しておらず、日本の準備率も変更されていない。

有効需要の原理
[Principle of Effective Demand]

国民の所得[p143]や雇用などの水準は、有効需要の大きさによって決まるという原理。ケインズ[p266]が提唱した。

❶ 有効需要とは、財・サービス[p13]を欲しいという気持ちに加えて、それらを買えるお金をもっているという、貨幣的支出に裏づけられた需要のこと。

❷ ケインズは、失業者が多い原因は、需要[p35]が供給[p35]に対して不足しているからだと考え、需要そのものを拡大しなければならないと主張した。

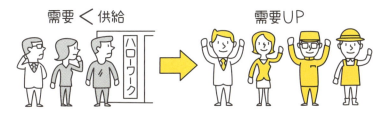

❸ そこで、政府が積極的に介入して、ダムや道路を作るといった公共事業で投資を活発化させ、需要を作り出すべきだと主張した。

❹ また、政府が所得減税を行うによって、消費者の手取りを増やして、消費を促すべきだと主張した。

負の所得税（正の所得税）
[Negative Income Tax（Positive Income Tax）]

所得[p143]が一定額に達しない人に対し、一定所得水準（税金がかかる所得額の最低額）と、その人の所得額との差額分の一定割合を、政府が所得税制度を通じて給付する制度のこと。

❶ 負の所得税という考えは、以下のような背景がある。たとえばある国があったとして、ここに、父母と子ども2人の4人家族がいたとする。

❷ 家族で年収200万円以下の場合、その差額に対する所得税（10%とする）が国から出る。つまり、誰も働いてなければ、国から20万円（200万円×10%）が給付される。

❸ 父親が仕事を見つけ、年収150万円を得た。すると国から200万円に足りない分の50万円のうち、所得税相当分の5万円給付されるので、この家の年収は155万円となる。

❹ ここから言えることは、国が補助してくれるが、所得税相当分なので、もっと働けば所得が増えることから、働いて所得を得ようとする。仮に200万円に不足している分すべてを給付すると、全く働かなくても200万円給付されるので、働く意欲がなくなる。

❺ 次に、父親だけでは生活が大変なので、母親も働きに出たとする。
母親がアルバイトをして、1年間で60万円の収入を得た。

❻ すると、この家族の所得は、父親の150万円、母親の60万円の合計210万円となり、所得税がかかる最低所得の200万円のラインを超える。

❼ 最低所得額を超えると、200万円を超えた分に対して所得税を支払う。これを正の所得税と言う。この場合だと、(210万円-200万円)×10％＝1万円となる。

❽ つまり、所得に応じ国民が政府に払う税金制度は「正の所得税」という。その逆で所得が一定の水準に達していない人に対して政府が払う制度を「負の所得税」という。

- 正の所得税 ＝（実際の所得額 － 課税最低限の所得額）× 税率
  →これで計算された額を国に収める。

- 負の所得税 ＝（課税最低限の所得額 － 実際の所得額）× 税率
  →これで計算された額が給付される。

負の所得税の背景には、所得の低い人に給付をすると、働いて所得を得ても、社会保障の給付額が減額されたり、課税されたりするので、働く意欲が起きず、自立できないといった問題を解決する意図がある。

IS-LMモデル ［IS-LM Model］

財・サービス[p13]の市場[p20]と、貨幣[p152]を取引する市場（貨幣市場）が同時に釣り合う、利子率と国民所得[p133]の組み合わせを求める分析の手法のこと。IS-LM分析ともいう。

- イギリスの経済学者ケインズ[p266]の『雇用・利子および貨幣の一般理論』を元に、イギリスの経済学者ジョン・ヒックス（1904〜1989）が考案した分析手法である。

ジョン・メイナード・ケインズ

ジョン・ヒックス

❶ このIS-LMモデルでは、縦軸を利子率、横軸を国民所得とするグラフを用いて、財・サービスの市場と貨幣市場との関係を分析する。

❷ まずIS曲線について考える。
IS曲線は、財・サービス市場の総需要と総供給が釣り合う国民所得と利子率の組み合わせを示したものである。
Iとは投資（Investment）、Sとは貯蓄（Saving）を意味する。

3. 財・サービス市場の総需要は消費と投資であり、総供給は国民所得である。
その2つが釣り合っているということは以下のような式になる。

消費 ＋ 投資 ＝ 国民所得
つまり
総需要 ＝ 総供給
と言い換えることができる

4. 上の式を変化させると「投資＝国民所得－消費」となる。
我々が得た所得から、財・サービスを消費して使わなかったお金は「貯蓄」なので、
以下のように言い換えられる。

投資（I）＝ 貯蓄（S）

5. つまり、財・サービス市場の需要と供給の釣り合いが取れている状態とは、
投資と貯蓄がバランスしている状況といえる。

6. ここで 1 のグラフについて考えてみる。
利子率と国民所得の関係を見る際に、ポイントとなるのは投資である。
利子率が上昇すると投資は減少するので、財・サービスの需要は減少する。
それと均衡させるには供給（国民所得）も減少することになる。
したがって、IS曲線は右下がりのグラフとなる。

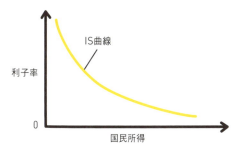

7 なぜ利子率が上昇すると、投資が減少するかというと、たとえば企業（や個人）が事業を拡大しようと、新しい工場を建てるために銀行からお金を借りようと思っても、利子率が高ければ借りるのを控えるからである。

8 次にLM曲線について考えてみる。LM曲線とは、貨幣市場における貨幣の需要と供給が釣り合う国民所得と利子率の組み合わせを示したものである。Lとは貨幣需要（Liquidity Preference＝流動性選好[p226]）であり、Mとは貨幣供給（Money Supply）のことである。

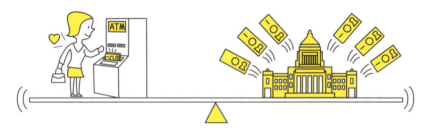

9 所得が増加すると、人はたくさん消費をする。そのために、必要な貨幣に対する需要も増加する。

10 マネーサプライが一定、すなわち貨幣の供給が一定の中、貨幣の需要が増加するため、利子率は上昇することになる。ここでは物価が一定という前提である。つまり、所得が増加すると利子率が上昇するのでLM曲線は右上がりとなる。

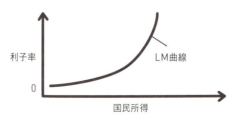

11 このIS、LMの両曲線を組み合わせて、財・サービス市場、貨幣市場のバランスを探ると共に、財政政策や金融政策が経済に与える効果を分析する。

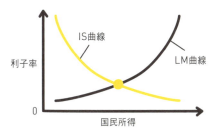

12 たとえば、景気を刺激し、雇用を増やすため公共投資を増やす、といった財政政策をおこなう場合を考えてみる。

13 すると、消費や投資が刺激され、IS曲線は右側にシフトし、国民所得が増加する。

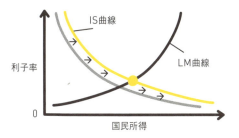

14 一方、金融政策で景気を刺激する場合を考えてみる。貨幣の供給を増加させるような金融政策を取ると（物価は一定という前提）、利子率は下落し、LM曲線が右側にシフトする形で、国民所得が増えることになる。

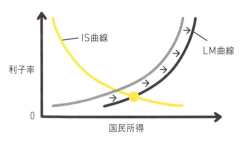

消費関数 〔Consumption Function〕

経済全体の消費額が、所得[p143]の水準によってどのように決定されるか、という消費と所得と関係を示した関数のこと。

① ケインズ[p266]は、「消費の大きさは、所得の大きさに依存する」とし、次の式を考えた。

$$C = cY + b \quad (0 < c < 1,\ b > 0)$$

C＝消費　　Y＝所得　　b＝基礎消費

② Cは消費、Yは所得、bは基礎消費を意味する。
基礎消費とは、所得がゼロになっても必要な衣食住などの消費を意味する。

③ cは限界消費性向と呼ばれ、所得が1単位（たとえば1万円）増えたとき、消費がどれだけ増えるのかを示している。

④ 0＜c＜1ということは、所得が増えた範囲内で消費を増やすということであり、c＝0.6だと以下のようになる。

1万円(Y)×0.6(c)＝6000円

5 たとえば所得が20万円のAさんと、25万円のBさんがいたとする。2人とも基礎消費は5万円、限界消費性向は0.6だとすると、2人の消費額は以下である。

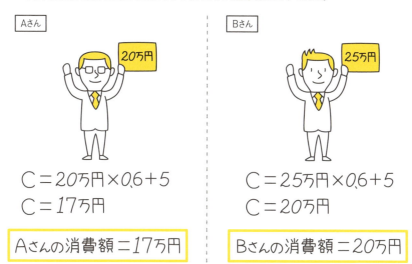

Aさん	Bさん
C＝20万円×0.6＋5 C＝17万円	C＝25万円×0.6＋5 C＝20万円
Aさんの消費額＝17万円	**Bさんの消費額＝20万円**

6 なお、この式は、以下のように置き換えることができる。

$$\frac{C}{Y} = c + \frac{b}{Y}$$

7 C／Yは消費÷所得なので、所得のうちどれだけを消費に振り向けたのかを意味する。これを平均消費性向という。Aさんの平均消費性向は以下となる。

Aさん

$$\frac{17万円\,(C)}{20万円\,(Y)} = 0.85 = 85\%$$

⑧ 所得が大きくなるほどC／Y（平均消費性向）は下がる。つまり所得が多くなると消費にお金を使う比率は下がり、貯蓄の比率が上昇する。

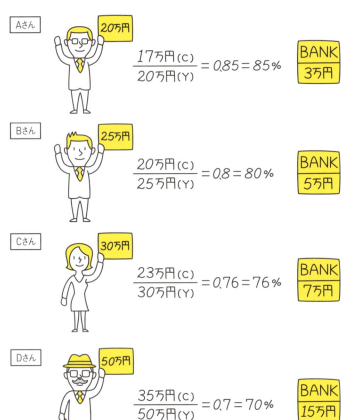

⑨ しかし、その後、サイモン・クズネッツ[p233]が、アメリカの1869〜1938年の長期統計において推計した結果、消費と所得との間に C≒0.9Y、すなわち平均消費性向はほぼ一定の0.9になるということを発見し、消費関数論争が起こった。

10 その論争の結果、いくつかの説が生まれた。
1つ目は、消費は現在の所得水準だけでなく、過去の最高所得水準にも影響され、生活習慣は急に変えられないという相対所得仮説である。

11 2つ目は、所得のうち変動所得（宝くじの当選金など）を除いた恒常所得（給料や賃金など）に強く依存するという、恒常所得仮説である。

12 3つ目は、個人の消費行動は、その個人が一生の間に得る生涯所得により決定されるという、ライフ・サイクル仮説である。

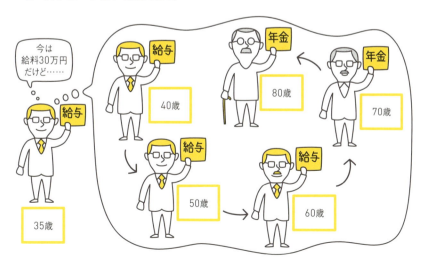

乗数効果 [Multiplier Effect]

政府による公共投資や、企業[p52]の投資を増やすことで、所得[p143]の増加、消費の拡大が好循環していき、最初の投資の何倍もの所得の増加をもたらす効果のこと。

① たとえば、政府が公共投資100億円を行い、道路を作ったとする。

② その結果、道路を作る会社の売上が公共投資の分（100億円）増加し、その従業員の給与が50億円増える。

③ 従業員は所得が増えた分のうち、15億円を消費に当て、百貨店での買い物を増やしたとする。

④ 百貨店の売上は15億円増加し、百貨店の従業員の給与等が、合計で10億円増える。

5 百貨店の従業員たちは、所得が10億円増えた分のうち、3億円を外食にあてる。

6 すると、外食産業の売上が3億円増加し、
外食産業の従業員の所得合計で1億円増加する。

7 外食産業の従業員たちは、所得が1億円増えた分のうち、
5000万円分を、財・サービスの消費に使う。

8 このように、所得の増加と消費の増加が結びつき、連鎖していく。

9 また、道路を作る会社が、売上の増えた100億円のうち、
30億円を資材の購入などにあてたとする。

10 すると、資材を販売する会社の売上が30億円増加し、
その会社の従業員の所得が増え、その従業員も消費を増やしていく。

11 こうした様々な経路を通じて、連鎖的に増加する国民所得の合計が、
500億円になったとする。

12 100億円の投資が、500億円の国民所得の増加を生んだとすると、
5倍の効果があるといえる。この5倍のことを乗数といい、その効果を乗数効果と呼ぶ。

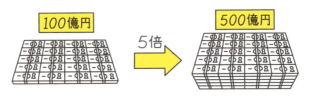

財政赤字 [Budget Deficit]

国や地方自治体の支出(歳出という)が、収入(歳入という)を上回っている状態のこと。

1 こうした資金不足を補うために、通常、国債や地方債などを発行し、国民や住民などから借金をするという形を取る。

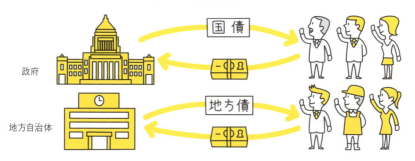

2 財政赤字が累積していくと、国債や地方債の発行残高が増加、すなわち借金が増加することにつながる。

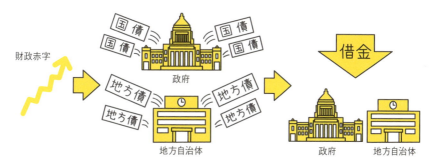

3 そのまま財政赤字が累積していくと、財政がひっ迫し、最悪の場合は、財政破たんのおそれが出てくる。

国家財政の深刻度の目安として、財政赤字の対GDP比などの指標がよく用いられる。

ビルト・イン・スタビライザー
〔Built-in Stabilizer〕

直訳すると、「自動安定化装置」の意味。税金や社会保障制度などのような、景気[p196]の変動を自動的に安定化させる仕組みのこと。

❶ 法人税を例に見てみる。景気が悪くなると、企業は利益が減少するため、法人税の支払いが減少するか、赤字のため、法人税を払わなくてもいいといった事態になる。

❷ 法人税の支払いが減少する、あるいはなくなるといった状況は、減税と同じ効果を発揮するため、景気悪化を食い止める作用が働く。

❸ 逆に景気が過熱するような局面では、利益が増えるが、法人税の支払いも増加するため、増税と同じ効果を発揮し、景気の過熱を抑える方向に作用する。

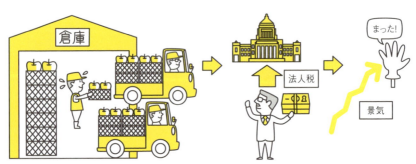

④ 失業保険制度にもこうした効果がある。景気が悪くて失業する人が増えれば、失業保険の支払いが増える。

⑤ 失業者は保険を受け取ることができるため、消費の冷え込みを食い止める方向に作用する。

⑥ 逆に景気が良くなれば、失業保険の支払いが減少する。

⑦ そうすると、資金の供給量が減少し、景気の過熱を抑える方向に作用する。

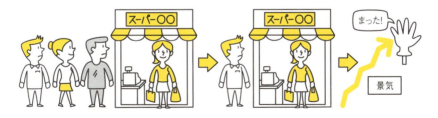

このように、景気の過熱や、消費の冷え込みを、税制や社会保障制度によって、「自動的」に抑えているといえる。

クラウディング・アウト効果
[Crowding Out Effect]

政府が支出を増やしたにもかかわらず、利子率の上昇を通じて、民間の投資を減少させてしまう現象のこと。

1. たとえば、ある国の政府が景気のテコ入れのために、大規模な公共投資を実施しようとしたとする。

2. この公共投資の資金を賄うためには、国債を大量に発行する必要が生じる。

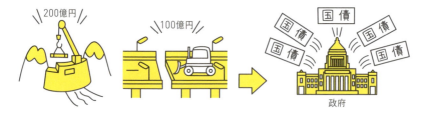

3. この国債は民間の金融機関、法人、個人などが購入するので、政府は民間から資金を調達することになる。

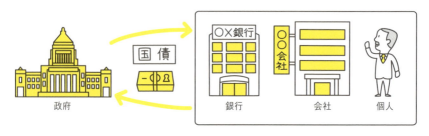

4 こうして民間の資金は、国債の購入に吸収されてしまうため、
民間に出回る資金量が減少してしまう。

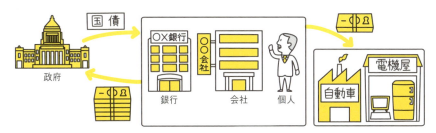

5 すると、企業などが銀行などから資金を調達して、設備投資をしようとしても、
資金の借り手が多く、資金を調達したいと思う企業が多いので、市場金利が上昇する。

6 金利が上昇した結果、会社などの資金調達が困難になり、
投資や消費が抑えられてしまう。

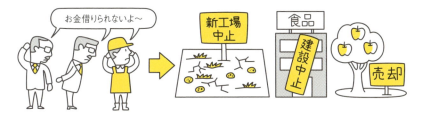

7 その結果、国民所得[p133]の増加につながらなくなってしまう。

このように、政府の政策によって、民間の経済活動を「押し出して」しまうことから、クラウディング・アウトと呼ぶ。

流動性の罠 [Liquidity Trap]

金利が極めて低い水準にまで下落すると、貨幣供給量をいくら増やしても、これ以上金利は下がらず、金利を下げて投資や消費に刺激を与えようとする金融政策が効かなくなる、という理論のこと。

❶ 政府は景気が後退した時、市場金利を引き下げるため、市場から債券（お金を調達する側が、提供する側に発行する、返済の必要がある有価証券）を購入する。

❷ それによって、会社などの民間に対する資金供給量を増やし、投資や消費が増加するように誘導する、という金融政策を取る。

❸ しかし、なかなか景気が良くならないまま、こうした金融緩和を続けていくと、これ以上、金利を下げられない下限水準に達する。

4. 金利が下がらないということは、将来において金利は上昇する、
言い換えると債券価格が下落すると予想するようになる。

5. 今後、債券価格が下がるだろうと人々は考えるため、
今のうちに債券を売却しておき、貨幣を保有しようとする。

6. この状態は、流動性選好説[p226]での投機的需要が無限に大きくなる状況を指す。

7. この状態では、中央銀行が市場金利を引き下げようと、市場から債券を購入しても、
債券を売りたい人が沢山いるため、市場に債券が次々と供給され、
市場金利は下がらない。

この流動性の罠という理論は、ケインズ[p266]が『雇用・利子および貨幣の一般理論』の中で指摘した。

公債 〔Public Loan〕

国や地方公共団体などの借金、つまり公的な債務を指す。

❶ 債務者（お金を借りる側）が国の場合は国債、地方公共団体の場合は地方債と呼ぶ。

❷ 国や地方公共団体の経費は、税金で賄うことが原則だが、それでは資金が足りないため、債券を発行するという形で経費を調達する。

❸ これは、債券での調達であり、将来的には税金によって償還（返済）しなければならず、借入金と同じ意味合いをもっている。

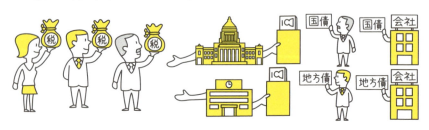

ハイパワード・マネー
[High Powered Money]

ハイパワード・マネー（強権貨幣）は、「マネタリーベース」「ベースマネー」ともいわれる。中央銀行[p154]（日本の場合は日本銀行）が供給する通貨を指す。

① ハイパワード・マネーは、世の中に出回っているお金（現金通貨）と、金融機関が中央銀行へ預けているお金（日銀当座預金、準備預金[p164]）の合計額で求められる。

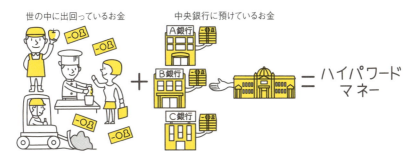

② 銀行の信用創造活動[p92]を通じて、何倍ものマネーサプライ（国内の家計や企業などにおいて流通している通貨の残高）を生み出す意味で、ハイパワード・マネーと呼ばれる。

③ 中央銀行（日銀）が直接コントロールできる貨幣の量で、これをコントロールすることによって、マネーサプライを適正水準に保っている。

あるいは、世の中に出回っているお金の総額の元となる通貨という意味で「マネタリーベース」「ベースマネー」とも呼ばれる。

リカードの中立命題
[Ricardian Equivalence]

政府が支出を増やす際に、その財源が増税であろうと国債などの公債[p186]の発行であろうと、実質的には違いはなく、経済に与える影響は同じという考え方。

イギリスの経済学者デヴィッド・リカード（1772～1823）[p256]によって指摘されたので、「リカードの中立命題」と呼ばれている。

① 例えば、政府が景気テコ入れのために、各家計[p19]に1万円の減税を行い、その財源は国債の発行によって調達したとする。

② 10年後に償還（返済）される国債の場合、10年後に税金を元手に償還しなければならない。

③ 税収が増えていれば問題ないが、そうでなければ増税して賄うことになる。

❹ その際、1万円の減税のメリットを受けた人（世代）と、10年後に増税される人（世代）が同じであれば、その人が一生かけて得られる可処分所得（実際に使うことのできる所得）は変わらない。

❺ というのも、将来の増税に備え、減税分の1万円を貯蓄に回すという行動を取ることで、将来の増税によって所得が減少する分を、その1万円の貯蓄で補うと考えるためである。

❻ したがって、各家計に1万円の減税を行う際に、同じ額の増税を行って財源を調達した場合と効果は変わりなく、減税のメリットが打ち消されてしまう。

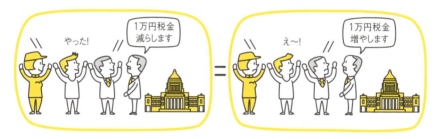

❼ つまり、国民が将来の増税を正しく見通している時、国債の発行によって減税を行っても、人々は消費を増やすといったことはなく、行動へ与える影響はないとリカードは考えた。

第 3 章 マクロ経済学

バローの中立命題
〔Barro's Equivalence〕

世代が異なる場合には、リカードの中立命題[p188]は通用しないのではないか、という議論に対して、世代を超えても通用すると主張したもの。

アメリカの経済学者ロバート・バロー（1944〜）によって指摘されたので、「バローの中立命題」と呼ばれている。

❶ 「リカードの中立命題」は減税のメリットを受ける人（世代）と、将来の増税の影響を受ける人（世代）が同じことを想定していた。

❷ なので、減税のメリットを受ける人（世代）と、将来の増税の影響を受ける人（世代）が違った場合、この命題は通用しないのではないか？　という議論があった。

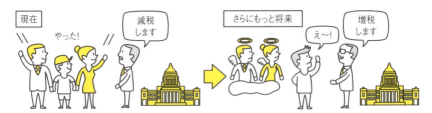

❸ しかしバローは、上記の議論を否定した。たとえば、減税を行い、国債で財源を確保したとする。

4 その国債を償還（返済）する際に、また国債を発行するという形をとっていくと、国債の償還時に増税分を負担する世代は、当初、減税のメリットを受けた世代とは異なる。

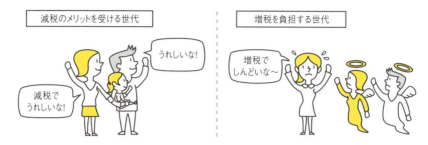

5 しかしバローは、親の世代が減税のメリットを受けたとしても、子や孫の世代が、将来的に税金の負担をすることになると考え、減税分は消費せず、遺産という形で残そうとすると考えた。

6 したがって、減税を行い、その財源である国債の償還時に増税を負担する世代が子や孫の世代だとしても、減税分を消費に回さず、遺産として残そうとする。

7 その結果、人々の行動に変化は生じないとし、世代の枠を超えても、中立命題が成立すると唱えた。

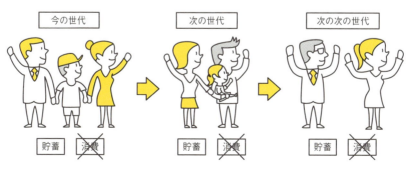

信用創造 [Credit Creation]

銀行[p153]がお金を預かり、その一部を貸し出し、貸し出しを受けた企業[p52]がその一部を銀行に預金し、銀行がその一部を貸し出しに回す、といった形で預金と貸し出しを連鎖的に繰り返すことで、お金が増えていく仕組みのこと。

❶ A銀行がBさんから100万円の預金をしてもらったとする。

❷ 銀行は、預金者が預金を払い戻す場合を想定し、預金の一定割合の現金を日本銀行に預けることが義務づけられており（準備預金制度[p164]）、この現金（法定準備預金）の預金に対する割合を、法定準備率と言う。

❸ 法定準備率を10％とすると、A銀行はBさんの100万円の預金のうち、法定準備金10万円（100万円×10％）以外の残りの90万円をC社に貸し出す。

❹ C社はA銀行から借りた90万円で、D社に設備投資の代金90万円を支払ったとする。

❺ C社から支払いを受けたD社は、その90万円をそのままA銀行に預けたとする。
するとA銀行の預金は90万円増加する。

❻ A銀行はD社からの90万円の預金のうち、
法定準備金9万円（90万円×10％）以外の残りの81万円をE社に貸し出す。

❼ E社は取引先のF社に81万円を支払い、F社は81万円をA銀行に預金する。

❽ これを繰り返していくと、A銀行の預金は100万円＋90万円＋81万円＋……
と増えていく。A銀行の当初の100万円が、
その何倍もの役割を果たしていく仕組みが、信用創造である。

労働市場の均衡
[Equilibrium of Labor Market]

労働というサービスの市場[p20]も財・サービス[p13]の市場と同じで、需要と供給[p34]のバランスする（均衡する）ところで、価格[p100]が決まるという意味。

❶ 労働市場とは、企業の労働の需要と、家計の労働の供給が取引される場のこと。

❷ 労働の供給は、価格（賃金）が高ければ高いほど、働きたいという人が増える。

❸ 逆に、価格（賃金）が低いと働きたいという人は減少するので、労働の供給は減る。

❹ したがって、労働の供給曲線も財・サービスの供給曲線と同様に、右上がりになる。

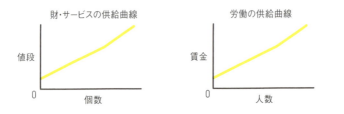

5 一方、企業などの労働需要は、価格(賃金)が高くなると採用を削減しよう、あるいは従業員を減らそうとする。

6 その逆に、企業などの労働需要は、価格(賃金)が低くなると採用を増やそうとする。

7 したがって、労働の需要曲線も財・サービスの需要曲線と同様に、右下がりになる。

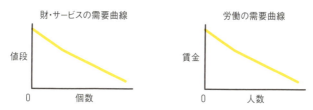

8 こうして、最終的に賃金は、労働の供給曲線と需要曲線の交わる点、すなわち均衡するところで決まる。

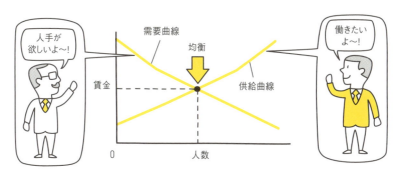

景気 [Economic Conditions]

売買や取引といった、経済活動全般の状況を指す。

1 「景気が良い」状況のことを、好景気という。
好景気の時は、GDP[p122]が増加する。

2 また、好景気の時は、消費も増加し、
財・サービス[p13]の生産も増えるので、労働力の需要[p35]が増加し、失業率が低い。

3 好景気の反対で「景気が悪い」ことを不景気という。
不景気の時は、GDPが減少している。

4 そのため、不景気の時は財・サービスの生産が減少するので、労働力の需要が
減少し、失業率が高くなる。

景気動向指数 〔Diffusion Index〕

経済全体としての景気[p196]の動きを把握するため、政府機関がその国の経済動向を示す色々な統計を合成して作成した指標のこと。

① 景気動向指数には3つある。1つ目は「一致指数」であり、足元の景気の状況を表すのに使われ、景気の現状把握に役立つ。

② 2つ目は、「先行指数」であり、数ヵ月先の景気の見通しを示していて、景気の動きを予測する目的で使われる。

③ そして3つ目は、「遅行指数」である。この指数は、数ヵ月前の景気を示していて、事後的な確認のために使われる。

景気に敏感に影響するとみられる生産・雇用など、様々な経済活動にかかわる指標の動きを統合することで、その指数の数値の動きから景気変動の方向と勢いがわかる。日本では、内閣府が毎月上旬に前々月の速報値、中旬に改定値を公表する。

景気循環 [Business Cycle]

資本主義経済においては、景気[p196]が拡大したり、逆に景気が後退したりが交互に繰り返される。その循環的な動きを景気循環という。

❶ 生産や消費などの経済活動が活発になることを、
景気拡大（回復、好況）という。

❷ 景気拡大の逆で、生産や消費などの経済活動が鈍っていることを、
景気後退（後退、不況）という。

❸ なお、景気循環の中で、上昇から下降へ向かう転換点を景気の山、
下降から上昇へ向かう転換点を景気の谷と呼ぶ。

循環の波形はいくつかある。代表的なものは**キチンの波**[p230]、**ジュグラーの波**[p232]、**クズネッツの波**[p233]、**コンドラチェフの波**[p234]などである。これらが複合的に重なり合って、景気循環が形成されると考えられている。

ミザリー指数 [Misery Index]

「悲惨指数」とも呼ばれ、経済的にどれ位厳しい状況になっているか、が分かる指数のこと。

① 消費者物価指数（CPI[p135]）の前年比上昇率（インフレ率）に、失業率を加えて求められる。

② 政府の公表する正式な指標ではないが、物価の上昇と失業率の悪化は、人々の生活を圧迫するため、数値が高くなるほど、生活の困窮度合いを表す指標といえる。

③ また、この数値が高いということは、景気悪化とインフレ[p156]が同居しているスタグフレーション[p161]を意味している。

一般的に、ミザリー指数が10％を超えると国民の不満が高まり、20％を超えると政権の継続が困難になるといわれている。

総供給 [Aggregate Supply]

企業等が一定期間に生産する、財・サービス[p13]の価値[p16]の合計であり、国内で1年間に生産された価値の合計であるGDP[p122]ともいえる。

総需要 [Aggregate Demand]

異なる価格[p100]（物価[p134]）水準における、財・サービス[p13]に対する需要[p35]の合計。国内で1年間に生産される価値の合計（GDP）[p122]に対する、全体の需要ともいえる。

総供給曲線 [Aggregate Supply Curve]

物価水準が変化することで、総生産（実質GDP[p130]）がどう変化するのかを示したもの。個々の生産者（企業等）の総計であることから、価格[p100]（物価[p134]）が変化すると、生産者は利益を最大化するように生産量を変化させる。

1. 価格（物価）が上昇すると生産量を増やし、価格（物価）が下落すると生産量を減らすので、その総計である総供給曲線も右上がりのグラフになる。

2. また、コストが下がると生産者はより多くの財・サービスを供給できるようになるため、総供給曲線は右側にシフトする。

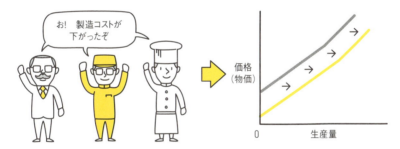

3. その反対に、コストが上がると財・サービスの供給が従来より難しくなるため、総供給曲線は左側にシフトする。

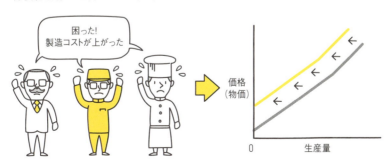

総需要曲線 [Aggregate Demand Curve]

物価水準が変化することによって、総需要(=実質GDP[p130])がどのように変化するのかを示したもの。消費者や企業[p52]、政府などが購入する財・サービス[p13]の合計(総需要)を横軸、物価水準を縦軸として描いたグラフで示される。

1. 価格(物価)水準が下がると、財・サービスに対する需要が増えていくため、右下がりの曲線になる。

2. 消費者が貯蓄に回す分を減らし、消費を増やした場合、総需要が増加し、総需要曲線は右側にシフトする。

3. 逆に、増税によって消費が減少すると、総需要は減少し、総需要曲線は左側にシフトする。

なお、総供給曲線[p201]と総需要曲線の交わったところで決まる実質GDP[p130]の水準を、マクロ均衡という。総供給と総需要が等しい(均衡)ためである。

供給サイド経済学
[Supply-side Economics]

経済発展のために、供給[p35]サイドの分析に主眼をおいて分析する経済学[p12]のこと。

① 生産活動を増加させるため、政府は規制緩和や減税などを実施し、政府の役割を減少させるべきだとの主張である。

② 規制緩和によって企業の生産活動を活発にさせたり、減税によって企業の投資を促されたりすることになる。

③ これによって企業の生産が伸び、雇用を増加させ、個人も消費を拡大させることによって、経済成長が図られると考えた。

1970年代後半に米国で登場し、レーガン大統領の経済政策（レーガノミクス）の理論的基盤とされたものである。

需要サイド経済学
[Demand-side Economics]

経済的安定を達成するため、需要[p35]サイドに働きかける政策を分析する経済学[p12]のこと。ケインズ経済学[p266]ともいう。

❶ 需要サイドの政策とは、総需要を動かし、総需要曲線を左右にシフトさせること。

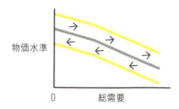

❷ その1つが財政政策、すなわち政府が税金や政府支出を操作することで、経済を安定化させようとする政策である。

❸ たとえば、国民の手元の資金を増やすために減税をすると、増えた資金で人々の消費が増える。

❹ そして企業はその消費に対応するために、生産を増加する。すると雇用も増加し、経済は成長する。

マネタリズム [Monetarism]

通貨の政策を重視する考え方のことで、新古典派経済学[p286]を代表するミルトン・フリードマン[p276]が唱えた考え方のことを指す。また、これを支持する経済学者のことをマネタリストと呼ぶ。

❶ 経済は個々の自由な市場に委ねるべきであり、大きな政府は不要と考えた。

❷ 政府は財政収支の均衡を図ることに注力し、政策は物価安定のため貨幣量の増加率を一定率に固定するにとどめるべきと主張した。

❸ 積極的な財政政策などにより、有効需要を創出すべきだとするケインズ学派[p266]を批判して出てきた考え方である。

第3章 マクロ経済学

セイの法則 [Say's Law]

供給[p35]はそれに等しい需要[p35]を作りだす、すなわち価格メカニズムが働く市場[p20]では、生産したものはすべて売れるので、経済水準は供給の大きさによって決定されるという考え。「販路法則」とも呼ばれる。

古典派経済学[p284]の根幹をなす法則であり、フランスの経済学者ジャン・バティスト・セイ（1767〜1832）にちなんで名づけられた。

❶ ある財・サービスについて、供給が需要を上回る状態（供給過剰）となったとする。

❷ そのような状態になっても、売り手は販売価格をすばやく下げることで、需要が増加し、需要と供給は均衡するという理論がセイの法則である。

❸ たとえば、ある家具メーカーが、ソファーを100個作って販売しようとした。

❹ 100個作ったが、80個しか売れず、20個が売れ残りそうになった。

❺ そこでこの家具メーカーは、このソファーの販売価格を5万円から4万円に下げた。

❻ するとソファーは全部売り切れた（需給均衡[p39]）。供給側が動くことによって需要を作りだし、需給均衡にいたる状況がこの法則にあたる。

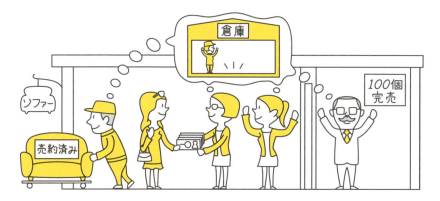

しかし、このように価格を臨機応変に動かし、供給過剰を作り出さない状況は、必ずしも現実の経済に即したものとはいえない面があった。よって現実の経済に即していないという理由で、のちにマルクス[p262]やケインズ[p266]などの批判にさらされることとなる。

ラッファー曲線 〔Laffer Curve〕

一般的に税率が高くなると、ある一定のところまでは税収は増えていくが、ある一定の税率を超えて上がっていくと、逆に税収は減っていくことを示したもの。

米国の経済学者アーサー・ラッファー（1940〜）が主張した理論で、税率と税収の関係を表した曲線を指す。

❶ 横軸に税率、縦軸に税収を取って下のようにグラフ化したもの。つまり、税率が高くなりすぎると、働いても税金にとられてしまうと思い、働く意欲が低下し、その結果、生産量や所得が減ってしまい、税収が減ってしまう。

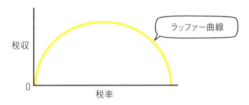

❷ 最終的に税率が100％、すなわち、働いて得た収入のすべてを税金として取られてしまうと、働いてもしょうがないと思うため、誰も働かなくなり、税収はゼロとなってしまう。

❸ したがって、ラッファー曲線の右側部分に相当する高い税率をかけている状況では、税率を下げることによって、税収を増やすことが理論的にあり得る。

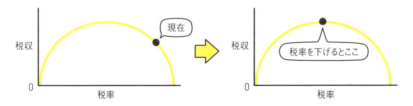

この主張はレーガン大統領の1981年の減税の根拠となり、その政策はレーガノミクスと呼ばれたが、実際には減税によって税収が増加することはなかった。

合成の誤謬 [Fallacy of Composition]

ミクロ経済学[p30]で、合理的と考えられる事象であっても、マクロ経済学[p30]にも同じように当てはまるとはいえないこと。

① たとえば、景気が悪く所得が減ったので、個々人が節約をして、貯蓄を増やすという行動は、個人ベースでは合理的な行動である。

② しかし、社会全体でみると、消費が減少し、さらに景気が悪化する、という結果になることもありうるのである。

③ また、企業が経営効率を上げるために、工場の再編や事業の統廃合などをすることは、企業にとって合理的な行動といえる。

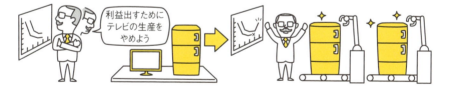

④ しかし、これにより人件費などの見直しなどが実施されることで、失業者の増加や給与の削減等を通じ、個人消費が冷え込み、景気がさらに悪化することもある。

円高 〔Yen Appreciation〕

ドルやユーロなど、他の国の通貨に対して、円の価値[p16]が高い状態のこと。ここでは、円とドルを使った場合を考える。

① たとえば、Aさんはアメリカに旅行する予定があり、円をドルに交換するため、銀行に行った。すると、「1ドル120円」で交換できたので、100ドルを1万2000円で手に入れた。

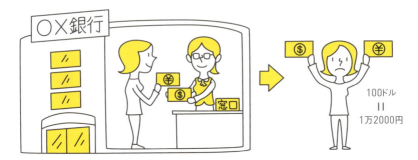

② 次の日、Aさんはもう100ドル必要だと思ったので、銀行に行った。するとレートが変わっていて「1ドル100円」で交換できたので、100ドルを1万円で手に入れた。

③ 昨日と今日を比べてみると、昨日は1ドル買う（交換する）のに120円必要だったが、今日は1ドル買う（交換する）のに100円であった。

❹ つまり、昨日に比べて今日の方が、1ドルで交換できる円が少なくなり、円の価値が上がった（ドルの価値が下がった）。この状態を「円高・ドル安」という。

❺ この円高・ドル安のメリットを考える。一番のポイントは、海外から日本に輸入される財・サービス[p13]が安くなることである。

❻ そして円高・ドル安のデメリットは、日本から海外に輸出している産業に、打撃を与えることである。

また円高・ドル安になると、輸出するより海外で生産し、販売したほうが安くなる。よって企業が海外に生産拠点を移すため、日本の雇用にマイナス効果をもたらす。

円安 [Yen Depreciation]

ドルやユーロなど、他の国の通貨に対して、円の価値[p16]が低い状態のこと。

① たとえば、Aさんはアメリカに旅行する予定があり、円をドルに交換するため、銀行に行った。すると、「1ドル100円」で交換できたので、100ドルを1万円で手に入れた。

② 次の日、Aさんはもう100ドル必要だと思ったので、銀行に行った。するとレートが変わっていて「1ドル120円」で交換できたので、100ドルを1万2000円で手に入れた。

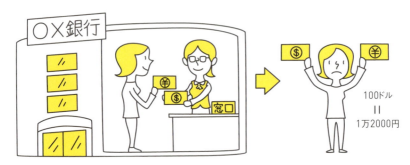

③ 昨日と今日を比べてみると、昨日は1ドル買う(交換する)のに100円必要だったが、今日は1ドル買う(交換する)のに120円であった。

❹ つまり、昨日に比べて今日の方が、1ドルで交換できる円が多くなり、円の価値が下がった（ドルの価値が上がった）ので、この状態を「円安・ドル高」という。

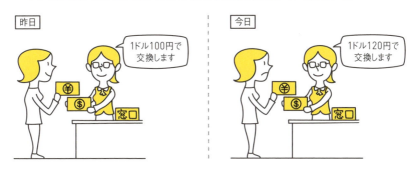

❺ この円安・ドル高のデメリットを考える。
一番のポイントは、海外から日本に輸入される財・サービスが高くなることである。

❻ そして円安・ドル高のメリットとして、日本から海外に輸出している産業の、円ベースの収入が増加する点である。

また円安・ドル高になると、海外で生産するよりも、国内で生産したほうが有利になる場合もある。すると企業が生産拠点を国内に戻すため、日本の雇用にとってプラスに作用する。

量的緩和
[Quantitative Easing]

中央銀行[p154]が、市場に供給する資金量の調整を目的に行う、金融緩和策のことで、QE（Quantitative Easing）ともいわれる。

1. 通常、中央銀行が景気の刺激を目的とした金融政策を行う場合、政策金利を引き下げる。

2. 政策金利が下がれば、銀行等の貸し出し金利が下がるので、個人や会社はお金を銀行から借りやすくなり、景気回復に繋がる。

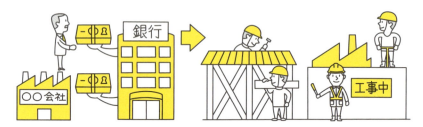

3. しかし、金利の引き下げを続けた結果、金利が0％にまで達し、これ以上、引き下げることができなくなった場合に、この金融緩和政策が行われる。

4. 具体的には、中央銀行が国債などの買い入れをして、市場に出回る資金を増加させる。金利が0％でも、市場に資金を潤沢に供給することができる。

5 実際、アメリカはリーマン・ショック[p294]後の世界金融危機と、その後の景気後退に対処するため、2008年に量的緩和に踏み切り、2014年まで続けた。

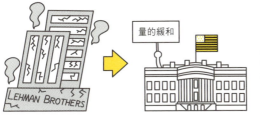

6 日本は、2001年から2006年にかけて実施したほか、2013年から量的緩和の1つである「量的・質的金融緩和」を導入している。

7 こうした国々は、量的緩和を通じて消費や投資を刺激するだけでなく、自国通貨安による輸出競争力の向上などによる景気浮揚効果を期待して、踏み切ったといえる。

8 一方、量的緩和で大量に供給された資金は、新興国や原油などの商品市場へ流入するため、量的緩和をめぐる動きが、新興国の通貨や資源価格に、大きな影響を与える、という面もある。

労働価値説 [Labor Theory of Value]

商品の価値[p16]は、その商品を生産するために費やされた労働時間によって決定される、という理論のこと。

カール・マルクス

イギリスのウィリアム・ペティ（1623〜1687）によって着目され、
古典派経済学[p284]のアダム・スミス[p254]、
デヴィッド・リカード[p256]などによって発展し、
カール・マルクス[p262]によって完成された理論である。

1 マルクスは『資本論』の中で、
商品の価値には「使用価値」と「交換価値」の2つがあると考えた。

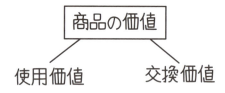

2 使用価値とは、使って役に立つという価値である。
たとえば、鉛筆と消しゴムはそれぞれ用途が異なるものの、
役に立つという意味での使用価値がある。

3 一方、交換価値は商品を交換するときの価値のことである。たとえば、
Aさんは鉛筆3本を、Bさんの消しゴム2個と交換してもいいと考えているとする。

4 また同様に、Bさんも自分の消しゴム2個と、
Aさんの鉛筆3本なら交換してもいいと考えていた。

5 すると、鉛筆3本＝消しゴム2個が交換価値になる。マルクスはそれぞれ違った
使用価値をもつ商品を交換する際に、その背景にある共通項が労働だと考えた。

6 鉛筆を作るにも、消しゴムを作るにも労働が必要である。鉛筆3本を作るのにかかった
労働量と、消しゴム2個を作るのにかかった労働量が等しいため、交換できるのである。

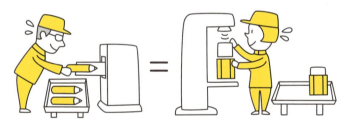

7 つまり、商品の価値の基本になるのは労働であり、労働によって価値が生じると考えた。

限界革命 [Marginal Revolution]

商品の価値[p16]は、労働で決まるという労働価値説[p216]に対して、商品の価値は主観的効用で決まる、という考えのこと。これは、今日の理論経済学の基礎を形づくることになったため、限界革命と呼ばれている。

● 1870年代、イギリスのウィリアム・ジェボンズ（1835～1882）、
　オーストリアのカール・メンガー（1840～1921）、
　スイスのレオン・ワルラス（1834～1910）が、
　それぞれ限界効用[p42]に基づく価値理論を発表し、
　限界分析の方法を本格的に経済学に導入した。

W・ジェボンズ

カール・メンガー

レオン・ワルラス

① それまでの古典派経済学[p284]やマルクス経済学では、
　商品の価値は労働で決まる、という労働価値説を取っていたのに対し、
　この3人は、商品の価値は主観的な効用で決まる、と考えた。

労働価値説	限界革命

りんごの値段

おいしいな／水いりません

② たとえば、夏の暑い日、ノドがかわいた時に買った、1本のミネラルウォーターから
　得られる効用（満足感）を100とする。

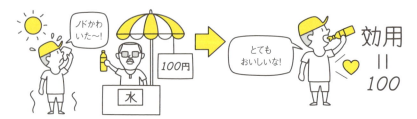
効用＝100

❸ 2本目でもまだ、ノドのかわきが完全には癒えないので、満足感はある。
しかし1本目よりは小さくなるので70となる。

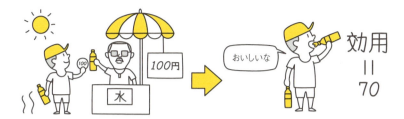

❹ 3本目になると、飲んでも飲まなくてもいい、という状態になるので、
30に低下し、4本目になると、もういらないので0となる。

❺ このように、1単位ずつ消費量を増やしていった時の効用を、限界効用といい、
消費量が増えるにしたがって、限界効用は減っていく。（限界効用逓減の法則[p43]）

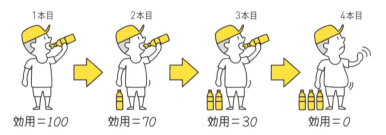

❻ これは、商品の価値を、人間の効用で考えるという点が、大きな転換であった。

消費者行動を、主観的な価値理論で説明する、限界効用理論は、その後、企業の経済行動の分析（限界生産力説）にまで発展した。また1単位増加させた時の変化をみるため、偏微分を使うことで、経済学[p12]と数学を結び付けることになった、という点でも画期的であった。

行動経済学 〔Behavioral Economics〕

人間は必ずしも合理的に行動するとは限らない、という点に着目し、人間の心理、感情等を組み込んで分析をおこなう経済学[p12]のこと。

2002年に行動経済学者のダニエル・カーネマン（1934〜）が
ノーベル経済学賞を受賞したことによって、
注目を浴びるようになった。

1. 伝統的な経済学では、人間は金銭的な利益を最大限追求するべく、
合理的な行動をとることを前提に、理論を構築していた。

2. しかし、実際には合理的とは言えない行動をとることが多々ある。こうした非合理的な人間の行動の癖や傾向に、一定の法則を見出す学問が、行動経済学である。

3. たとえば、メロンを食べたいAさんが、Bさんから以下のような提案を受けたとする。

④ 合理的な行動を取るならば、今メロンを1個もらうのではなくて、
1ヵ月待ってメロン2個をもらうべきである。

⑤ しかし、すぐに食べたいという気持ちに勝てず、今、1個のメロンをもらう方を選んでしまうことはよくある。どうしても、目先の満足感を優先してしまうという行動の例である。

⑥ あるいは、Cさんが宝くじで1万円当たったとする。

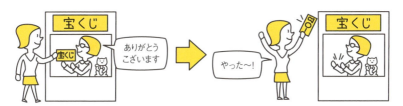

⑦ このCさんは、アルバイトで稼いだ1万円は、大切に貯金するほど節約家である。

⑧ しかし宝くじで当たった1万円は、ステーキを食べてあっという間に使ってしまう。
節約家のCさんにしてみると、決して合理的な行動とはいえない。
容易に手に入れたお金は、浪費しがちになるという行動の例である。

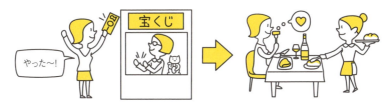

絶対的剰余価値
[Absolute Surplus Value]

剰余価値の1つの形態のこと。剰余価値とは利益のことであり、資本主義社会は剰余価値を多く獲得することを目的としている。企業[p52]（資本家）が労働者の労働時間を長く伸ばすことで獲得する剰余価値を、マルクス[p262]はこう呼んだ。

❶ 利益の源泉を考える際、労働を2つに分ける。
　1つは、労働者が提供する労働の価値である「必要労働」である。

❷ もう1つは、資本家の利益のための労働である「剰余労働」である。

❸ すると、労働者の総労働時間は、必要労働時間と剰余労働時間の合計となる。

労働者の総労働時間 ＝ 必要労働時間 ＋ 剰余労働時間

❹ 必要労働時間は、労働者が賃金を獲得するために費やす労働時間であり、剰余労働時間は、企業（資本家）が利益を獲得するために費やす労働時間と言える。

❺ 企業は利益を増やしたいので、できるだけ剰余労働時間を増やそうとする。絶対的剰余価値とは、剰余労働時間を増やすことによって企業が得られる利益のことである。

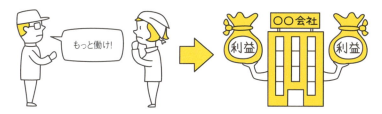

❻ たとえば、ある工場で働くAさんの1日の総労働時間（8時間）のうち5時間が、Aさんの賃金を稼ぐためにあてられたとする。つまりこの5時間は、必要労働時間である。

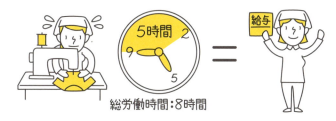

❼ とすると、この工場で働くAさんの総労働時間（8時間）のうち、3時間は、企業の利益になっている。つまりこの3時間は、剰余労働時間である。

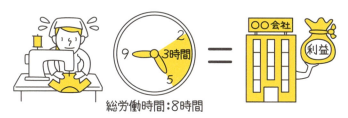

❽ 企業は利益を増やすため、Aさんの総労働時間を8時間から10時間へと伸ばす。この場合、2時間増えた分は剰余労働時間、すなわち企業の利益の拡大に結びつき、絶対的剰余価値を増やすことになる。

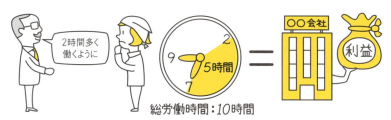

相対的剰余価値
[Relative Surplus Value]

マルクス[p262]によって名づけられた、剰余価値の1つの形態のこと。企業[p52]（資本家）が剰余価値である利益を増やすため、効率化や合理化を進めることで、相対的に増加した剰余労働時間が生まれ、剰余の価値が生まれる。

① 企業（資本家）は、労働者の総労働時間を伸ばして利益を獲得しようとするが、それには限界が出てくる。

② すると、労働者の必要労働時間を短くして、剰余労働時間を増やすことで、利益を伸ばそうとする。

③ たとえば、ある工場で、Aさんの1日の総労働時間が8時間だったとする。

④ Aさんの総労働時間は8時間のままで、Aさんが担っていた工程の一部を機械化することで生産性を上げ、Aさんの必要労働時間を、5時間から3時間に短縮する。

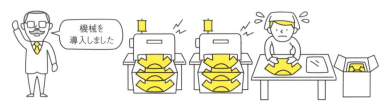

❺ しかしその一方で、Aさんの剰余労働時間を3時間から5時間に増やした。

❻ すると、Aさんの賃金が減少するが、企業(資本家)の利益は増加する。

❼ したがって、利益を追求する資本主義社会では、企業は生産性を上げる努力を行うことで、労働者の取り分である賃金を減少させようとする。

❽ それと同時に、企業(資本家)の取り分である利益が増えていく。そのようにマルクスは考えたのである。

流動性選好説
[Liquidity Preference Theory]

いつでも財・サービス[p13]を買えて、いざという時に使え、かつ他の資産と比べて有利だからという理由で、お金をもとうとすること。こうしたお金に対する需要と供給[p34]から、利子率が決定されるとする説を指す。

ジョン・メイナード・ケインズ[p266]が『雇用・利子および貨幣の一般理論』で提唱した、利子率の決定に関する理論を指す。

① 資産を貨幣でもつ動機には、3つある。

② 1つ目は、日々の取引を実施するために貨幣を保有する「取引動機」である。
たとえば、現金で手元に100万円をもっていれば、いつでもパンを買うことができる。

③ 2つ目は、不測の事態の出費に備えて貨幣を用意する「予備的動機」である。
たとえば、急に風邪をひいても、貨幣をもっていれば薬を買うことができる。

4 3つ目は、儲けを得るために貨幣を保有しておく「投機的動機」である。たとえば将来、株式や債券の価値が下がると予想したならば、現金でもっていた方が、元本割れ（投資したお金が投資額を下回ること）の可能性がないので、有利である。

5 この3つの理由のため、人は流動性の高い現金を選ぶ。このように現金の需要には様々な理由がある。こうした現金の需要に対する、中央銀行による貨幣の供給のバランスが取れたところで、利子率は決定される。

6 だから、株券や債券などの有価証券を保有していることで得られる利子は、現金という流動性を手放すことによって得られる報酬、と考えることができる。

新古典派経済学[p286]では、利子率は経済全体の貯蓄と投資が等しくなるように決定される、と考えたのに対し、ケインズは貨幣[p152]の需要と供給[p34]から利子率が決定される、と唱えた。

資産効果 [Assets Effect]

資産の保有が消費の支出に及ぼす効果のこと。ピグー効果[p103]とも呼ばれる。新古典派[p286]の経済学者と、ケインズ学派[p266]との論争で、賃金と物価[p134]が低下すれば、人々の保有する資産の実質的な価値が高まり、それが消費を増加させる、という効果を指摘したところから生まれた。

① 例えば、Aさんは100万円、Bさんは10万円の預金をもっており、両者とも月収は20万円だったとする。

② ある時、物価が下落して、Aさん、Bさんがいつも買っているパンが200円から150円に変わった。

③ それと同時に、Aさん、Bさんの給料も20万円から15万円に落ちたので、給料で買えるパンの個数は変わらなかった。

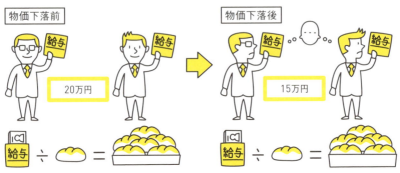

20万円÷200円＝1000個　　15万円÷150円＝1000個

❹ しかし、Aさんの預金で買えるパンの個数は、以下のように大きくアップしている。つまり、100万円の実質的な価値が上がっていることになる。

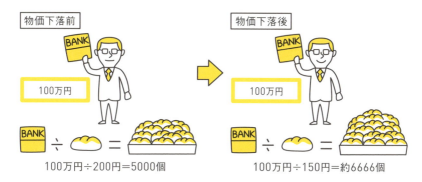

❺ Bさんも10万円の預金があるので、Aさんと同様に実質的な価値の上昇を享受できる。

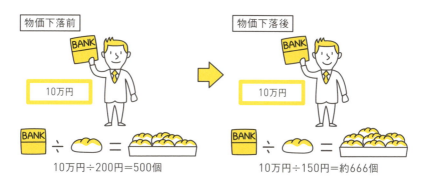

❻ しかし、Bさんより資産の多いAさんのほうがお金持ちになったと感じ、消費支出を増大させるという形で、消費に影響を与える。

ただ、一般的には保有資産の価値が上がったことを理由に、消費や投資が増えることも含めて資産効果と呼ぶことが多い。実際、株価が上昇すると、保有する株式の価値が上昇することで、株式を売却して現金化しなくても、消費が盛り上がるといったケースがみられる。このように、持っている金融資産や不動産などの価値が上昇することも、消費を増やす大きな原動力になる。反対に、資産価格の下落によって、消費が減少することを逆資産効果という。

キチンの波 [Kitchin Cycle]

景気循環[p198]は、企業[p52]の在庫の変動によって生じる、という考え方で、40ヵ月程度の短い周期で起こるという説。

アメリカの経済学者ジョセフ・A・キチン（1861〜1932）が主張したことから、キチンの波と呼ばれる。

❶ モノがよく売れるようになると、企業は生産を増やすが、在庫が減少する状態になる。

❷ すると企業は、注文を受けたがモノを出せない、という機会損失が生じないよう、さらに生産を増やす。

❸ その結果、雇用も増加し、賃金も上昇するため、消費も活発になり、景気は良くなる。

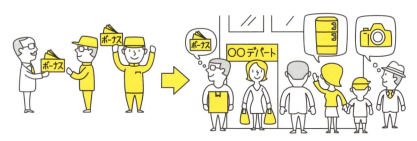

❹ やがて、売れ行きが鈍くなると、販売量よりも生産量が多くなり、在庫が増加していく。

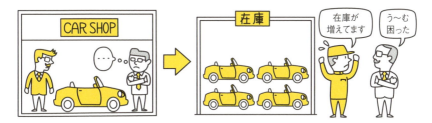

❺ すると、企業は生産を抑え、在庫を減らす方向に舵を切るが、しばらく生産が販売を上回る状況が続き、在庫の増加が続く。

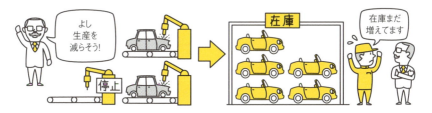

❻ その後、企業はさらに生産を絞り込まざるをえなくなり、やがて在庫が減少していく。

❼ そうなると、企業は従業員の賃金を下げたり、従業員の削減に踏み切ったりする結果、消費も冷え込み、景気は悪くなる。

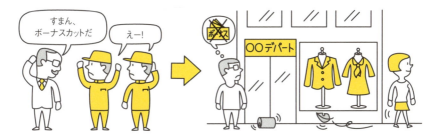

こうした流れで、企業が在庫調整を行うために、生産の拡大と縮小を繰り返す景気循環のことを意味する。

ジュグラーの波 [Juglar Cycle]

景気循環[p198]は、企業[p52]の設備投資の変動によって生じる、という考え方。10年程度の周期で起こるとされている。

フランスの経済学者クレマン・ジュグラー（1819〜1905）が主張したことから、ジュグラーの波と呼ばれる。

① ある会社は、社内にパソコンを多数導入している。またその会社の工場では、製品を作るためのロボットを導入している。

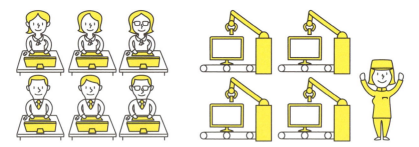

② それらのパソコンやロボットは、当然寿命があり、その寿命は10年位と言われている。

③ よって10年ごとにそれらの機材を作っている会社は、製品が売れるので儲かる。

クズネッツの波 [Kuznets Curve]

景気循環[p198]は、建築物の建て替えによって生じるという考え方で、20年程度の周期で起こるとされている。

アメリカの経済学者サイモン・クズネッツ（1901〜1985）が主張したことから、クズネッツの波と呼ばれる。

① ある場所で、住宅一戸建てや商業施設、工場などが建てられたとする。

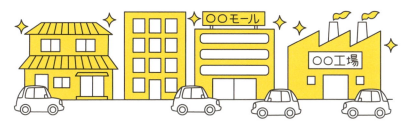

② そのような建築物は約20年程度で寿命が来るとされ、建て替えやリフォームが必要になる。

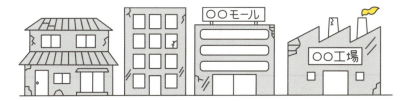

③ すると建設業やリフォーム業の需要が増えて、景気が良くなる。

第 3 章 マクロ経済学

コンドラチェフの波 [Kondratiev Wave]

景気循環[p198]は、技術革新によって生じるという考え方。50年程度の周期で起こるとされている。

ロシアの経済学者ニコライ・コンドラチェフ（1892～1938）が1926年に『景気変動の長波』と題する論文で主張した。
のちにシュンペーター[p268]によって、
以下3つの循環の波があるとされた。

① 第1波は1780～1840年代で、紡績機、蒸気機関などの発明による産業革命。

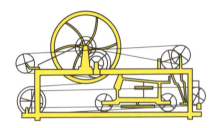

② 第2波は1840～1890年代で、鉄道網の発展や製鉄技術の革新、電信の発達。

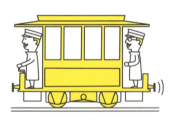

③ 第3波は1890年～1930年代で、電気、化学技術の発展や自動車産業の発達。

この説は、オーストリア生まれのアメリカの経済学者、シュンペーターによる著書『景気循環論』の中で、「コンドラチェフの波」と名づけられた。
なお1800年代から現代、2050年までを循環グラフで表すと以下のようになる。

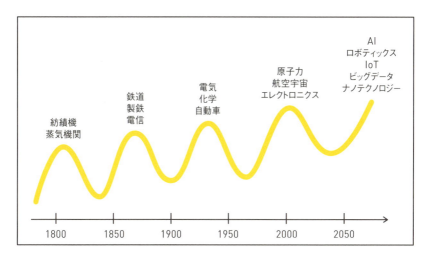

第4章 国際経済学

第 4 章 国際経済学

輸入品 [Imported Goods]

他の国から購入した、財・サービス[p13]のこと。

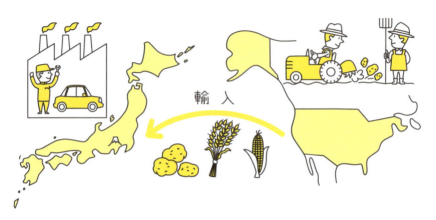

輸出品 [Exported Goods]

他の国に販売する、財・サービス[p13]のこと。

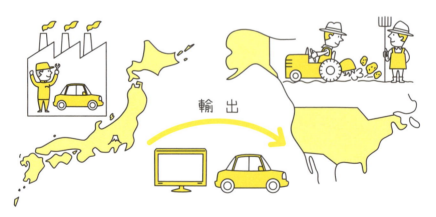

絶対優位 〔Absolute Advantage〕

ある国が、他国よりもある製品を多く生産できる状態のこと。

① たとえば、人口や資本が同じぐらいのA国とB国があったとする。その両国は気候と土地の生産力が異なっていて、それぞれの国で、りんごとみかんだけを作っていた。

② この2つの国がりんごの栽培に特化したとすると、A国は100キロ、B国は60キロのりんごを生産できる。よってりんごの生産に関しては、A国が絶対優位にあるといえる。

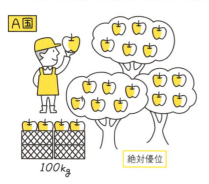
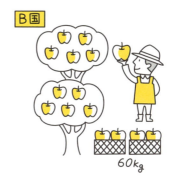

③ また、この2つの国がみかんの栽培だけに特化した場合、A国は60キロ、B国は30キロのみかんを生産する。つまり、みかんの生産でもA国の方が絶対優位にあるといえる。

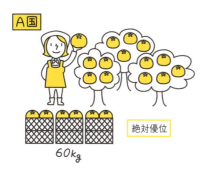

第4章 国際経済学

比較優位 〔Comparative Advantage〕

ある国を他国と比較した場合、その国が他国に比べて、生産物を効率よく、少ない機会費用[p26]で生産できる能力があること。

❶ たとえば、りんごとみかんだけを作っている、A国とB国があったとする。

❷ ある期間において、A国ではりんごに特化[p24]した場合は400kg、みかんに特化した場合は80kgを生産することができる。

❸ ということは、A国が1kgのみかんを生産する機会費用は、5kgのりんごである（りんご400kg÷みかん80kg）。

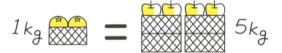

❹ また、ある期間において、B国ではりんごに特化した場合は60kg、みかんに特化した場合も60kgを生産することができる。

5 ということは、B国が1kgのみかんを生産する機会費用は、1kgのりんごである。
（りんご60kg÷みかん60kg）

6 これを比較すると、B国が1kgのみかんを生産する機会費用は、1kgのりんごであるのに対して、A国は5kgのりんごである。つまり、B国の方がみかんの生産に関しては比較優位にあるといえる。

7 りんごを見てみる。A国が1kgのりんごを生産できる機会費用は、みかん1/5kgである。
（みかん80kg÷りんご400kg）。

8 B国が1kgのりんごを生産できる機会費用は、みかん1kgである
（みかん60kg÷りんご60kg）。つまりA国の方が、りんごの生産に関しては比較優位にあるといえる。

これらをまとめると、A国はりんごだけを作りB国に輸出し、B国はみかんだけを作りA国に輸出したほうがいい、と考えられる。

関税 〔Tariff〕

自国に入って来る輸入品[p238]に対して課せられる税金のこと。

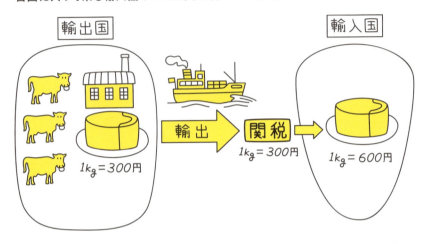

輸入割当制 〔Import Quota〕

自国に入って来る輸入品[p238]の数量を制限すること。

保護関税 〔Protective Tariff〕

国内の産業を保護するため、政府が輸入品[p238]に課す関税[p242]のこと。

❶ A国ではりんごを生産しており、りんご1個を作る費用は100円だとする。

❷ 隣のB国でもりんごを栽培している。B国のりんごはA国よりも安く、50円で作れる。そこでA国はB国から50円のりんごを輸入しようとした。

❸ しかし、そうするとA国に50円のB国のりんごが入ってきてしまい、A国のりんご農家は、自分たちのりんごが売れなくて困ってしまう。

❹ そこでA国の政府は、B国からのりんごに60円の関税を課したので、B国から輸入されたりんごは110円になる。よってA国のりんごは、安いB国の輸入りんごから保護される。

財政関税 [Revenue Tariff]

政府の税収を上げることを目的として課せられる関税[p242]のこと。収入関税ともいう。

① ここにA国とB国がある。A国ではりんごを100円、B国はりんごを50円で作れる。

② ある時A国は、50円で作れるB国のりんごを輸入しようとしたが、関税をいくらにするかで悩んでいた。

③ B国で作られた50円のりんごに、60円の関税をかければ、B国のりんごは110円となるが、B国のりんごよりも、A国の100円のりんごを買うだろう。

④ 関税での税収を上げたいため、A国では50円のB国のりんごに30円の関税をかけてA国内で80円で販売したら、100円のA国のりんごよりも売れた。

このように、自国の産業を保護するよりも、税収を上げることを目的をした関税を財政関税と呼ぶ。

外国為替 [Foreign Exchange]

通貨の異なる2国の間の貸し借りを、現金を直接運んだりすることなくおこなわれる決済法のこと。

・ある日本人がアメリカからりんごを買う場合

外国為替相場 [Rate of Foreign Exchange]

他国の通貨に対する自国の通貨の価格[p100]のこと。2通りの表記法がある。

変動為替相場
[Floating Exchange Rate System]

為替（現金のやりとりをしない決済のこと）のレートが外国為替市場において、外貨の需要[p35]と供給[p35]のバランス関係によって決まる制度のこと。

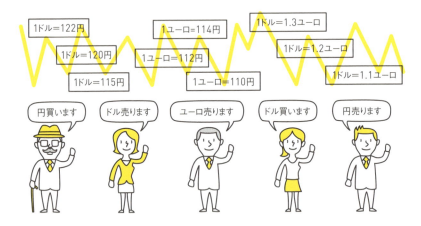

固定為替相場
[Fixed Exchange Rate System]

国と国の間で話し合いをして、為替のレートを固定する制度のこと。

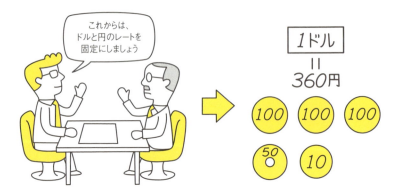

貿易 [Trade]

国同士で、財・サービス[p13]を売ったり買ったりする取引のこと。

① 例えば、A国という国があったとする。この国は農業が盛んであるが、石油が採れないので困っている。逆にB国は、石油が豊富に採れるが、農業があまり盛んでない。

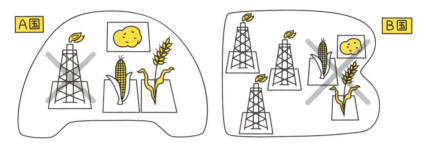

② そこでA国は、石油が豊富に採れるB国から石油を買ってA国に入れた。
これは、A国がB国から石油を輸入するといい、B国はA国に石油を輸出するという。

③ 逆にB国は、農業があまり盛んでないので、小麦をA国から買って入れる。
これは、B国がA国から小麦を輸入するといい、A国はB国に小麦を輸出するという。

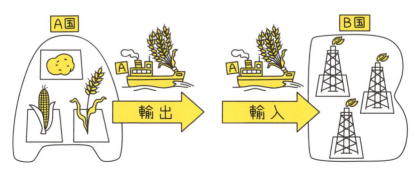

垂直貿易 [Vertical Trade]

貿易[p247]の形態の1つで、ある国が原材料を輸出し、それを別の国が工業品などに加工して輸出する貿易のこと。

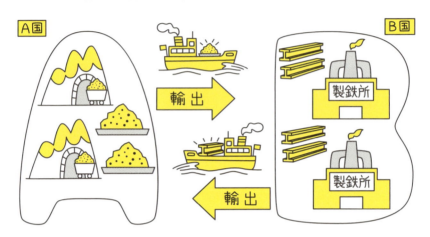

水平貿易 [Horizontal Trade]

貿易[p247]の形態の1つで、加工された最終生産物[p142]を相互に輸出、輸入する貿易のこと。

国際分業 〔International Division of Labor〕

それぞれの国が、それぞれの国の得意な分野の製品を集中的に作り、それを輸出し、他の商品を別の国から輸入すること。

① 例えば、A国は技術に優れており、車の生産が得意だが、車を作る原材料を自国で賄うことができない。

② そこでA国は、車を作るための原料を、B国やC国から輸入する。

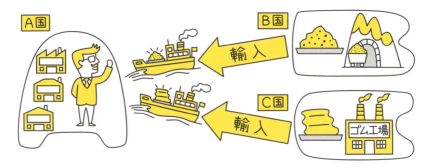

③ そして輸入した原料を使ってA国は車を作り、B国やC国に輸出する。

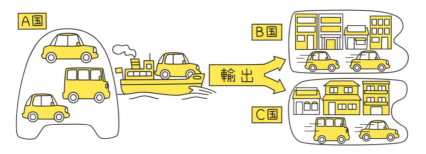

このように、それぞれの国が自分たちの得意なことを中心におこない、それを輸入、輸出し合うことで、生産の効率が上がる。

自由貿易 [Free Trade]

国家が、関税[p242]などに介入せず、生産者や商品を扱う人間が自由に行う貿易[p247]のこと。

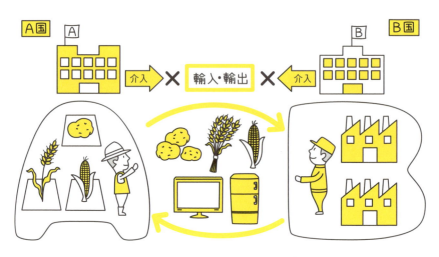

保護貿易 [Trade Protection]

貿易[p247]の形態の1つ。国家が関税[p242]などをかけたり、輸入量を制限したりすることで、自国の産業を守るためにとる貿易の政策のこと。

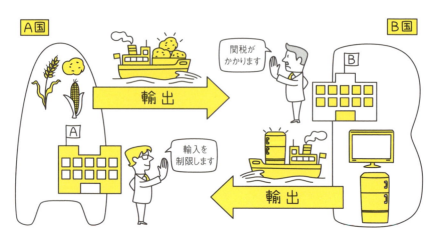

貿易黒字 [Trade Surplus]

輸出額が輸入額を超えること。貿易黒字が増えると、貿易をしている国から受け取る外貨が増え、外貨を売って円を買う機会が増えるので、円高[p210]になる。

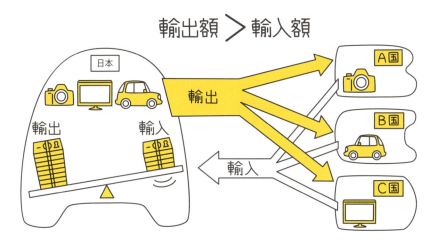

貿易赤字 [Trade Deficit]

輸入額が輸出額を超えること。貿易赤字が増えると、貿易をしている国に支払う外貨が増え、円を売って外貨を買う機会が増えるので、円安[p212]になる。

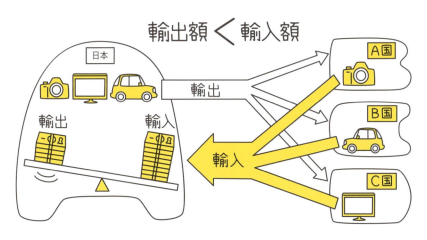

Economic
History

第 5 章

経済史

第 5 章 経済史

アダム・スミス
[Adam Smith（1723〜1790）]

イギリスの経済学者。
スコットランドに生まれ、オックスフォード大学で学んだ後、
『国富論』(1776)を発表。
どうしたら国の経済が発展するのかを考え、
真に自由で競争的な市場が、社会全体に最大の利益を
もたらすという結論に至った。アダム・スミスは、
初めて資本主義社会の構造を理論的に分析したので、
「近代経済学の父」と呼ばれる。

1. アダム・スミスは、著書『国富論』の中で、国が豊かになる富というのは、労働によって生産される財[p13]であると説いた。

2. 当時主流であったのは、輸入を控えて、輸出に力を入れれば国内に貴金属が貯まり、そうすることで国は豊かになる、という重商主義[p282]の考えであった。

3. しかし、アダム・スミスは、輸入をすれば国内に不足している商品などが入り、市場が拡大し国民が豊かになり、自由な経済活動が富を生むと、重商主義を批判した。

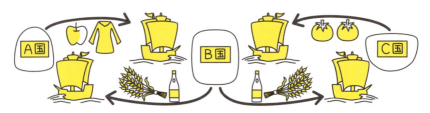

❹ また、労働者が特定の仕事に集中すれば、技能が向上して、生産力が増大してコストも削減され、より多くの財を生産でき、富が増えるので、分業[p23]が必要だと考えた。

❺ アダム・スミスは、政府が市場には極力干渉すべきではない（レッセ・フェール[p101]）という主張をし、政府が介入しなくても、「見えざる手」が市場に秩序をもたらすと考えた。

❻ たとえば、2つの八百屋が同じトマトを違う値段で売っていれば、お客さんは安い方の八百屋でトマトを買うので、高い方の八百屋は価格を下げざるをえなくなる。

❼ また、似た製品を作っている2つの工場があり、あまりに賃金に差があると、高い賃金の工場は従業員を獲得できるが、低い賃金の方は従業員を獲得できない。
そこで、賃金を上げざるをえなくなる。

このように、経済は政府が介入しなくても、自然に回るとアダム・スミスは考えた。

デヴィッド・リカード
[David Ricardo（1772〜1823）]

オランダの経済学者。
アムステルダムの商業学校卒業後、
14歳から証券取引業に従事し、実業家として成功する。
仕事をしながら経済学の論文を発表していたが、
42歳の時に引退し著述に専念し、
『経済学及び課税の原理』(1817)を発表。
アダム・スミス[p254]と並んで、古典派経済学[p284]に
おいて、もっとも重要な経済学者の1人である。

---

① リカードの生きていた頃のヨーロッパでは、重商主義[p282]が主流の思想であり、
国際貿易が厳しく制限されており、輸出を増やして輸入を減らすという政策であった。

② そのような中、リカードは、アダム・スミス[p254]の『国富論』の影響を受け、
国際分業[p249]の有用性を説き、自由貿易のメリットを唱えた。

③ 貿易をするにあたり、リカードはそれぞれの国が得意な生産物を作ることに特化して、
それ以外のものは他の国から輸入すれば、互いの国はより多くのものを
得ることができるという比較優位説（比較生産費説）[p240]を唱えた。

④ 比較優位説とは、たとえばA国がB国に比べて、りんごの生産がみかんの生産よりも相対的に得意だとする。その場合A国は、りんごを作ることに集中することで、犠牲にするみかんの生産量は相対的に少なく、りんごの生産量を上げることができる。

⑤ 逆にB国はA国に比べて、みかんの生産がりんごの生産よりも相対的に得意であったとする。その場合B国は、みかんを作ることに集中すれば、犠牲にするりんごの量は相対的に少なく、みかんの生産量を上げることができる。

⑥ だから、それぞれの国が相対的に得意とする分野に特化すれば、高品質な財やサービスを生産でき、全体として高い利益を上げることができる、という考えである。

⑦ またリカードは、肥沃で生産性の高い土地は生産性の低い土地に比べ、生産コストは低くなるので、農産物の販売価格が同じであれば、肥沃な土地で生産された農産物の方に超過利潤が発生し、これが差額地代になるという差額地代論を唱えた。

さらに、リカードはアダム・スミスの「物の価値はそれを作るのにかかった労働の量で決まる」という、労働価値説 [p216] を発展させることにも貢献した。

第 5 章 経済史

トマス・マルサス
[Thomas Malthus（1766〜1834）]

イギリスの経済学者、社会学者。
1766年に牧師の家庭に生まれ、
ケンブリッジ大学で学ぶ。主著は『人口論』(1798)。
当時のイギリスは、フランスとの戦争や
物価の高騰などの経済問題に直面しており、対策として
救貧法改正の是非が議論されていた時期であった。
このような情勢の中で、マルサスは人口の原理を
示すことで、理想主義的な革新派を批判しようとした。

1 マルサスは、著書『人口論』において、食料の増減と貧困問題について触れながら、人口がなぜ増減するか？ その原理について説いた。

2 マルサスは、人口論を、基本的な2個の自明な前提を置くことから始めた。1つ目は、食料は我々人間が生きていくために必要不可欠である、ということである。

3 そして2つ目の前提として、我々人間は、異性間には必ず情欲が存在する、ということである。

❹ この2つの前提を元に導き出される考え方として、人口は何の制限もしなければ「1、2、4、8……」と倍々ゲームのように（幾何級数的に）増えていくのに対し、食糧は「1、2、3、4……」と足し算（算術級数的に）のようにしか増えない。

❺ よって、いつかは人口が増え過ぎて食糧と人口のバランスが崩れて、食糧が足りなくなる不均衡状態になってしまう。

❻ しかし、食糧と人口のバランスが崩れると、それを正そうとする2つの力が働く。1つは飢餓や貧困、戦争、疫病などの破滅的な「積極的抑制」である。

❼ もう1つは、避妊、堕胎、晩婚化、非婚化などの出生の抑制につながる、計画的かつ欲求抑制的な「道徳的、予防的抑制」である。

これら2つの力が働くことで、人口は社会の生産力に見合った数に調整され、自動的に人口と食糧のバランスが取れると考えた。

ジョン・スチュアート・ミル
〔John Stuart Mill（1806〜1873）〕

イギリスの哲学者、社会学者、経済学者。
リカード派の経済学者ジェイムズ・ミルの息子。
アダム・スミス[p254]、デヴィッド・リカード[p256]、
トマス・マルサス[p258]らと共に、
古典派経済学[p284]を代表する1人。
主な著書は『自由論』(1859)、
『政治経済学原理』(1848)である。

❶ ミルは、ジェレミ・ベンサム（1748〜1832）の打ち立てた功利主義（最大多数の最大幸福を基本とする考え方）を基本的な原理とし、人間の行為が正しいかどうかの基準を功利、つまり幸せを生み出すか否かで判断する。

❷ 代表作『自由論』では、自由とは個人が自分自身の幸福を追求するだけでなく、社会全体の福祉を向上させるものでなければならない、と述べている。

3 ミルは、経済政策によって社会を変えることができるとし、経済の自然の法則では、資本家や地主に多くの富が集まったとしても、政府が再分配することで、社会の幸福度を上げることができると考えた。

4 また、ミルのもう1つの代表作である『政治経済学原理』では、相続税や累進課税[p146]の可能性、労働者自身が組織する協同組合などに言及している。

5 この考えは、後の福祉国家の考え方の原型を作ることになった。

ベンサムの主張した功利主義は、幸福と苦痛の差を最大化することで、個人の幸福度は最大になるという「量的功利主義」であった。しかしミルはそれを発展させて、幸福には量ではなくて、質が関わっており、質を高めることが大切だという「質的功利主義」を主張した。

第 5 章 経済史

カール・マルクス
[Karl Marx(1818〜1883)]

ドイツの経済学者・哲学者。弁護士の息子として生まれ、イエナ大学で哲学の博士号を取得。1848年に、産業資本家であるフリードリヒ・エンゲルスと『共産党宣言』を執筆。資本主義経済を分析、批判した。エンゲルスと共にマルクス主義を創設。晩年に執筆した彼の主著『資本論』(1867)は、第1巻をマルクスが、第2巻、3巻をエンゲルスが完成させた。「社会主義の父」と呼ばれる。

---

❶ マルクスの生きた19世紀は定期的に恐慌が起こり、労働環境が劣悪で、大人から子どもまで、長時間労働があたり前で、多くの労働者が貧困に陥っていた。

❷ こうした中、アダム・スミスが『国富論』で唱えた、レッセ・フェール[p101]に対して、マルクスは疑問を抱くようになる。主著『資本論』で、資本主義経済の下では資本家に富が集中し、労働者は貧困になるという格差が生まれると指摘した。

❸ 彼は、商品の価値は労働によって決まるという労働価値説[p216]に立っており、働くことで財・サービス[p13]が生まれ、それが富になると考えた。

❹ そして資本家は剰余価値、つまり儲けを少しでも多く得るため、まず労働者の労働時間を長くして儲けを増やそうとすると考えた。これを絶対的剰余価値[p222]という。

❺ しかし、労働時間を伸ばすのは限界があるため、機械などを導入し、生産性を上げて労働者の取り分を減らし儲けようとする。これを相対的剰余価値[p224]という。
こうして資本主義社会では、資本家はより巨大化し、労働者はより貧しくなり、格差が広がると考えた。

❻ この貧富の格差を正すには、労働者たちが立ち上がり革命を起こして、生産手段を資本家から取り上げ、すべて労働者のものにするべきだ、とマルクスは主張した。

❼ 後にこの社会主義の理念に基づいて、レーニンがソビエト社会主義共和国連邦を作ったり、中華人民共和国が設立されたが、競争のない計画経済社会は失敗した。

第 5 章 経済史

アルフレッド・マーシャル
[Alfred Marshall（1842～1924）]

イギリスの経済学者。ロンドンに生まれ、奨学金で
ケンブリッジ大学へ進学し、数学や倫理学を学ぶ。
後にケンブリッジ大学の教授を務め、ケンブリッジ学派と
呼ばれる学派を作り上げ、新古典派経済学[p286]を
代表する研究者となる。ケインズ[p266]とピグー[p103]は
彼の弟子であり、著書の『経済学原理』(1890)は
長らく新古典派経済学の教科書であった。

❶ マーシャルは、限界効用[p42]の理論を導入したことで知られている。
また、完全競争市場[p70]では、需要と供給の等しい点で価格は調整される、
つまり需要曲線と供給曲線の交わる需給均衡点に価格は落ち着くという、
価格決定に取り組んだ。

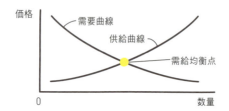

❷ この需要と供給の法則を供給側から見てみる。財・サービス[p13]を作る生産者は、
消費者の需要を満たすため、市場に商品を供給する。

❸ その財・サービスの供給量に対して、消費者需要が多いと（超過需要）、
商品の価格は上昇する。

❹ しかし、生産者の供給が消費者の需要を上回る（超過供給）と、価格が下がる。

❺ このように、需要量と供給量などの数量が変化することで、均衡点に調整されていくことをマーシャルの調整過程と言う。

❻ また、マーシャルのKといわれる分析でも有名である。マーシャルのKとはGDP[p122]に対するマネーサプライ（通貨供給量）の割合を示し、GDPを1とした時に、マネーサプライが何倍あるかを示したものである。

たとえば、マーシャルのKが1.5の場合、マネーサプライはGDPの1.5倍を意味する。

$$\text{マーシャルのK} = \text{マネーサプライ} \div \text{GDP}$$
$$(1.5) \qquad (150) \qquad (100)$$

❼ したがって、マーシャルのKの値が大きい程、世の中に多くのお金が出回っていることを示しており、現在の値が長期間のトレンド（方向性）からどれくらい離れているかを見ることで、マネーサプライが適切かどうかを判断する。

つまり、マーシャルのKがトレンドを大きく上回っていると、お金が出回りすぎていて、逆にトレンドを大きく下回っていると、お金は不足していると判断される。

ジョン・メイナード・ケインズ
〔John Maynard Keynes（1883〜1946）〕

イギリスの経済学者。ケンブリッジ大学時代に、マーシャル[p264]に経済学を学ぶが後に決別。1929年に始まった世界大恐慌の後、代表的著書である『雇用・利子および貨幣の一般理論』を1936年に出版する。経済学の研究と同時に、私財で株式投資をして、利益の多くを芸術家の支援に回したと言われている。

1. 1929年のアメリカで始まった世界恐慌の影響で、失業者が増大する不安定な経済を安定させるにはどうしたらいいか？　とケインズは考えた。

2. それまでの古典派経済学では、人が失業するのは労働者本人が、仕事の賃金が安く、その賃金では働くことを拒否しているからだ、という「自発的失業」という考えであった。

3. しかしケインズは、世界恐慌を経験して、「自発的失業者」以外に、企業が雇用を生まないから失業が発生するという「非自発的失業者」が存在すると主張した。

4 そこでケインズは、経済が不安定な状況下では、
政府が積極的に経済に介入し、雇用を生み出すべきだと主張した。

5 たとえば、政府が財政政策として、高速道路を作ると決めたとする。

6 するとその事業を請け負った建設業者は儲かり、そのお金を投資に回す。またその社員は給料が増えるので、それを消費に回す。また、建設業者は儲けの一部を投資に回し、その恩恵を受けた機械会社の社員の給料が増える。このように政府が有効需要[p165]を作り出すことが必要で、それが乗数効果[p176]を生むと主張した。

7 そして、その乗数効果を高めるためには、多くの人が自分のお金を消費するように導けばよいと考え、累進課税制度[p146]を提唱した。

第5章 経済史

ヨーゼフ・シュンペーター
〔Joseph Schumpeter(1883〜1950)〕

オーストリアの経済学者。
オーストリアの大蔵大臣やビーダーマン銀行の
頭取などを務める。
企業が行うイノベーションこそが経済成長をもたらす、
という理論を構築した。
主な著書として『経済発展の理論』(1912)、
『資本主義・社会主義・民主主義』(1942)などがある。

❶ シュンペーターは、イノベーション(革新)を次の5種類に分類している。
　まず1つ目は、新しいモノまたは新しい品質をもつモノを生産すること。

❷ 2つ目は、新しい生産方法を導入すること。

❸ 3つ目は、新しい組織を実現すること。

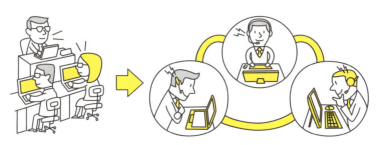

④ 4つ目は、新しい販売先を開拓すること。

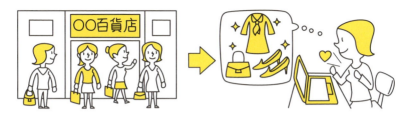

⑤ 最後の5つ目は、新しい仕入れ先を開拓することである。

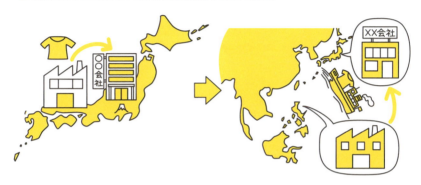

⑥ これらのイノベーションをもたらす者を、アントレプレナー（企業家）と呼び、古いものを破壊し、新たなビジネスを創造する重要な役割を果たすと考えた。その破壊と創造を「創造的破壊」と呼び、これが資本主義にとって大切だと説いた。

⑦ また、イノベーションが繰り返されなければ、景気が停滞してしまうという景気循環説を唱え、好況と不況が繰り返されると考えた。

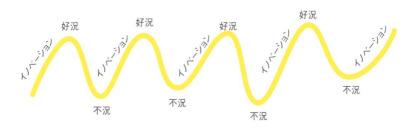

第 5 章 経済史

ライオネル・ロビンズ
〔Lionel Robbins（1898〜1984）〕

イギリスの経済学者。
1929年より、ロンドン・スクール・オブ・エコノミクスの
経済学部長を務める。
また、1930年代にはケインズ[p266]の理論に反対し、
世界恐慌に関するロビンズ独自の考えを主張した。
また、主著『経済学の本質と意義』(1932)において、
希少性に着目した経済学の方法論を展開した。

---

① ロビンズは、経済学[p12]を、「様々な用途をもつ希少性[p12]のある資源と
目的との間の関係としての人間行動を研究する科学」と定義した。

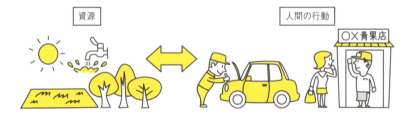

② つまりこれはどういうことか？　人間の欲望は無限であるが、
実際には資源は限られた量しかない、という事実がある。

③ つまり、人間の欲望と資源のそのバランスを考えるのが、
経済学の基本である、ということである。

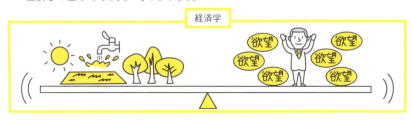

❹ たとえばここに、土地をもっている人がいて、その人は牛を飼育していたとする。

❺ その土地の所有者が小麦を育てるか、牛を飼育し続けるかを考えたとする。

❻ しかし、その地域はお米を食べる人が多く、小麦からパンを作りたい、という消費者は少ない。一方、ミルクが欲しいという消費者が多いことから、その土地の所有者は、限られた土地の中で、牛を育てるほうを選ぶ。これが、希少性に着目した経済学の考え方である。

❼ また、ロビンズは、ピグー[p103]が主張した、個人の効用は計測可能であり、比較したり足し合わせたりすることができるという考えを批判した。

❽ ロビンズは、個人の効用は計測することはできず、異なった人の満足を比較することはできず、ピグーの主張は科学的根拠に欠けると説いた。

ロビンズのこの主張によって、ピグーの唱えていた厚生経済学が再構築され、新厚生経済学の道が切り開かれた。

第5章 経済史

フリードリヒ・ハイエク
〔Friedrich Hayek（1899〜1992）〕

オーストリア出身の経済学者、哲学者。
若い頃に法学と政治学を学び、ウィーンにて
オーストリア学派の経済学者として活躍。
リバタリアニズム[p290]の思想をもち、反社会主義と
自由主義の象徴的存在。
1944年に刊行された『隷属への道』で社会主義や
ファシズムを批判しベストセラーとなる。
1974年にノーベル経済学賞を受賞。

1. 政府は経済に介入すべきでない、という新古典派経済学[p286]を受け継ぐハイエクは、1929年、アメリカの株式市場が大暴落した「ブラックサーズデー（暗黒の木曜日）」後の不況で、市場経済への信頼が揺らいだことから生まれたケインズ理論[p266]を批判した。

2. 国が経済に介入し、有効需要[p165]を創出すべきと主張したケインズと、経済は市場に任せるべきで、放っておくべきだというハイエクの主張は対立したが、最終的にアメリカ政府はニューディール政策をおこない、ケインズ理論が裏づけとなった。

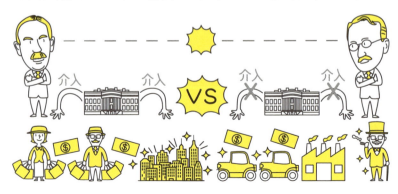

❸ また、自由と個人主義を徹底して貫くべきだと主張したハイエクは、
『隷属への道』の中で、社会主義やファシズムを批判し、ベストセラーとなった。

❹ その中でハイエクは、ソビエトの影響を受けて広がりつつあった社会主義と、
ドイツのヒットラーによる全体主義は、社会に集団的な秩序を押しつける思想であり、
そのような試みは失敗すると主張した。

❺ ハイエクは、確かに市場[p20]は自由に任せておくと、
不景気やインフレ[p156]などを招く可能性もあると考えていた。

❻ しかし、政府が経済に介入する計画経済で市場を統制すると、
正しい資源配分が行われず、うまくいかなくなると論じた。

第 5 章 経済史

ポール・サミュエルソン
〔Paul Samuelson(1915〜2009)〕

アメリカの経済学者。
新古典派経済学に、ケインズ経済学の手法を統合した「新古典派統合」を唱えた。
主著『経済分析の基礎』(1947)において、
数学を使って従来の経済理論を整理し、
その後の経済学で数学が用いられる土壌を作った。
1970年にノーベル経済学賞受賞。

---

❶ サミュエルソンは、様々な理論を発表したが、
その1つが、消費者行動の法則性を説明した「顕示選好理論」である。

❷ 人の効用[p18]は、個人の主観的な満足度に基づいているので、
計測することができない。

❸ しかし、価格や数量などの客観的なデータを通して、消費者が選択するという行為を
合理的に分析すれば、消費者の行動は説明できると考えたのが顕示選好理論である。

4 また、ある特定のサービスは政府によって供給されなければならないのか？
もしそうである場合、どのような条件が必要か？
という公共財[p104]についての理論も考えた（サミュエルソンの公式[p114]）。

5 マクロ経済学[p30]においては、失業率が下がると賃金が上昇し、
逆に失業率が上がると賃金が下降するという、イギリスのアルバン・フィリップス
（1914〜1975）が発表したフィリップス曲線を再構築した。

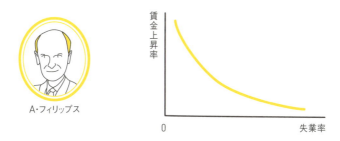

6 サミュエルソンは、このフィリップス曲線を、
失業率と物価上昇率（インフレ率）との関係で捉え直し、インフレ率が上がれば
失業率が下がり、失業率が上がればインフレ率が下がると主張した。

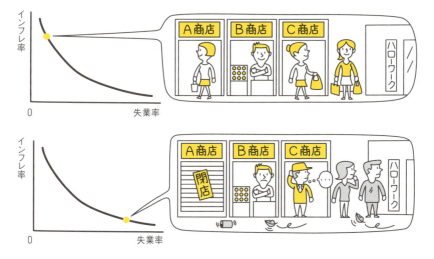

第5章 経済史

ミルトン・フリードマン
[Milton Friedman(1912〜2006)]

アメリカの経済学者。
コロンビア大学で博士号を取得。
1946年から1976年までシカゴ大学で教鞭を取り、
多くの弟子たちを育てる。フリードマンとその弟子たちは
「シカゴ学派」と呼ばれている。
主な著書は『資本主義と自由』(1962)である。
1976年ノーベル経済学賞を受賞。

---

❶ フリードマンが登場する前のアメリカにおいて、経済が不安定な時は、
政府が市場に介入し財政政策を行ったり、中央銀行[p154]が
金融政策を行うべきだという、ケインズ[p266]の考え方が主流であった。

❷ しかし、フリードマンは、ケインズの考えを否定し、マネーサプライ(世の中に流れるお金の供給量)の伸びを固定しておけば、経済は上手く回る、
と主張した(マネタリズム[p205])。

❸ このフリードマンの考えは、当時イギリスの保守党マーガレット・サッチャー政権や、
アメリカの共和党ロナルド・レーガン政権に受け入れられた。

M・サッチャー　　　R・レーガン

❹ また彼は、1962年の著作『資本主義と自由』において、政府が行うべきではない14の政策を具体的に主張した。

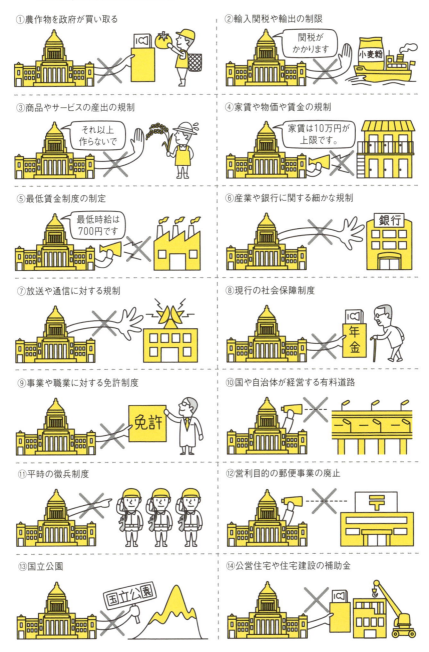

日本でも、2001年に発足した小泉政権で、構造改革が実行され、郵政民営化、派遣労働の自由化などといった、「小さな政府」での政策が行われた。

ゲーリー・ベッカー
〔Gary Becker（1930〜2014）〕

アメリカの経済学者。
シカゴ大学、コロンビア大学の教授を務める。
経済学を、あらゆる人間の行動や
社会問題の解決に応用した先駆者。
主著に『人的資本』(1964)がある。
1992年ノーベル経済学賞受賞。

❶ ゲーリー・ベッカーは、経済学や金融の分野に限られていた市場原理と価格理論を、教育、労働、差別、結婚、出産など、日常生活の範囲にまで適用し、政策にも幅広く影響を与えた。

❷ たとえば、人種差別問題に関しては、人種差別は、差別される人だけでなく、差別する側にも不利益になることを証明した。これは人種差別の解消に向けた世論を作り上げる、強い理論的背景となった。

❸ さらに、家族が1つの行動単位として、
互いに協力しあって生活する理由を明らかにする理論を確立した。

❹ またベッカーは、人的資本（ヒューマン・キャピタル）という分野も開拓した。学校での教育などが、人の所得や生活に影響を与え、それが経済の成長や人口の構成に影響を与えることを解明し、教育問題と経済学を結びつけた。

❺ 犯罪行為に関しても、経済学の合理性を応用した。つまり、犯罪者が犯罪を実行するか否かは、犯罪を実行することで得られる利益が、機会費用（刑罰など）を上回るか否かで判断される。それを踏まえて、最適な犯罪の抑止策を論理的に考察した。

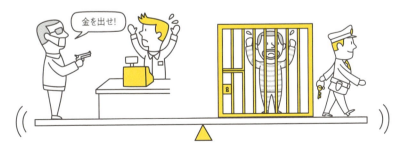

このように、ベッカーの理論は社会政策を含む領域まで及び、アメリカの世論形成や、社会政策の立案にも大きな影響力を及ぼした。

トマ・ピケティ
[Thomas Piketty（1971〜）]

フランスの経済学者。
パリ高等師範学校卒業後、
フランスの社会科学高等研究院、
ロンドン・スクール・オブ・エコノミクスで博士号を取得。
マサチューセッツ工科大学、
パリ経済学校等で教鞭を執る。
主著に『21世紀の資本』(2013)がある。

---

❶ トマ・ピケティは経済的不平等についての専門家で、資本主義は、貧富の格差を生み出す宿命から逃れられないと、主著『21世紀の資本』で論評した。

❷ これまでの格差問題の是正という観点から焦点があてられていたのは、労働者の賃金であった。

❸ その労働者の賃金待遇を改善することが、格差を縮める解決策であるとされてきた。

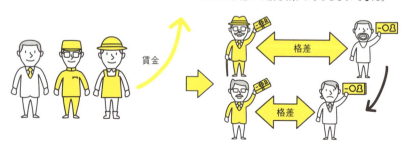

4 これに対して、ピケティは株式や不動産、
預金などの資本が格差拡大の大きな原因ではないかと考えた。

5 長期的に見ると、資産によって得られる富は、労働によって得られる富よりも大きい。

6 だから富の集中が起こり、
持つ者（富裕層）と持たざる者（貧困層）の格差は徐々に広がっていく。

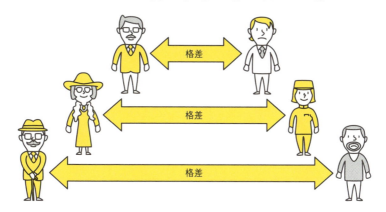

7 したがって、不平等を正すには、
富裕層の所得や、資産に対する累進課税を強化すべきである、と主張している。

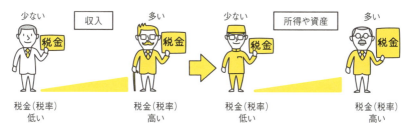

ピケティの『21世紀の資本』は、日本を始め、世界で大きな話題を呼んだ。

重商主義 〔Mercantilism〕

国が豊かになるということは、その国にどの位金や銀や貨幣があるのか、その量によって決まる、という考え。初期資本主義時代を代表する経済思想である。

1. 16世紀から18世紀のオランダ、フランス、イギリスなどは、国王が絶対的な権力をもち、国を統制する絶対主義国家だった。それらの国でこの重商主義が採用された。

2. 商業を重視して国家統制を加え、特権的な大商人を保護したので重商主義と呼ばれた。重商主義には2つある。1つは植民地などから金銀を搾取し、それを蓄積するという、重金主義である。

3. 2つ目は、貿易差額主義である。輸入を制限して、輸出を増やすことにより、国内の金銀や貨幣の蓄積を増やすという考えである。海外からの輸入品を抑制するために、高い関税を課して、自国の産業を保護した。

④ 1600年に設立されたイギリスの東インド会社は、重商主義政策の象徴的な存在ある。またフランスでは、ルイ14世の大蔵大臣であるジャン＝バティスト・コルベール（1619〜1683）が重商主義政策を強力に推進した。各国とも高い関税をかけて輸入を抑制する一方、輸出奨励金を出し、自国の輸出を増やすなどの政策を進めていった。

J・P・コルベール

⑤ 重商主義が隆盛の中、それを批判する重農主義という考えが18世紀後半のフランスで生まれた。これは国家の富を外国に求めるのではなく、自国の土地（農業）を通じて得るべきだという考えで、フランソワ・ケネー（1694〜1774）が主張した。

F・ケネー

⑥ 重農主義は、農民が作物を作り、地主は農民に土地を貸し、職人は商品を作る。そして、それぞれが得たお金で商品を買うという循環が、国の経済を豊かにすると考えた。よって、地代以外の税金を農民に課してはならない、と主張した。

以後、ケネーを始めとする経済学者によって、重商主義的な保護貿易主義は、自由な競争による経済の発展を阻害する、として批判されるようになり、アダム・スミス[p254]による自由放任主義などが提唱される土壌を生むこととなった。

古典派経済学 〔Classical Economics〕

18世紀後半から19世紀前半、産業革命後のイギリスで生まれた経済の思想であり、資本主義経済を最初に研究した。

● 古典派経済学の代表的な人物として、アダム・スミス[p254]、トマス・マルサス[p258]、デヴィッド・リカード[p256]、ジョン・スチュアート・ミル[p260]らが挙げられる。

アダム・スミス

トマス・マルサス

デヴィッド・リカード

J・S・ミル

① 当時のイギリスでは、蒸気機関が発明されたり、綿織物を作る技術の革新、製鉄の技術の向上などにより、人の労働環境に変化が起きていた。

② そんな中で、工場をもつ資本家が労働者を雇い、労働者は資本家から賃金をもらい、資本家は労働者の作った財で利潤を得る、という資本主義の経済体制が生まれた。

❸ 古典派経済学において、経済社会は、資本家、地主、労働者という
3つの階級で成立しており、それぞれが、資本、土地、労働力を提供することで、
その対価として利潤、地代、賃金を得ているとした。

❹ アダム・スミスは、著書『国富論』において、人間の富とは、金や銀ではなく、
労働であるという、労働価値説[p216]を唱えた。

❺ そしてその労働によって生まれた生産物が、どれだけ国民に行き渡っているか？
その量で国の豊かさが決まるとし、それには、国家が企業の経済活動に介入するべき
ではなく、市場は自由な競争をさせるべきだ、と主張した（レッセ・フェール[p101]）。

❻ また、リカードは、貿易において、政府が関税などで介入するのではなく、自由な貿易を
行うことで、それぞれの国が足りないものを補い合えば、国が豊かになると説いた。

このように、古典派経済学は、人間が私有財産を持つことや、利潤を追求するこ
とが正しいとする経済思想であった。

新古典派経済学
[Neoclassical Economics]

商品の交換価値は、その生産に投下された労働価値によって決まる、とした古典派経済学[p284]に対し、商品の交換価値を需要側の限界効用[p42]によって決まると考えた。ミクロ経済学[p30]の消費理論で用いられる、重要な概念。

● 新古典派経済学の代表的な人物として、アルフレッド・マーシャル[p264]、カール・メンガー、レオン・ワルラス、ウィリアム・ジェヴォンズらが挙げられる。

A・マーシャル

カール・メンガー

レオン・ワルラス

W・ジェヴォンズ

❶ 新古典派経済学が登場する前までは、財・サービス[p13]の価格は人間の労働によって決まる、と考えられていた（労働価値説[p216]）。

― 労働によって生まれた価値

― 労働によって生まれた価値

❷ しかし、1870年代に、オーストリアのメンガー、フランスのワルラス、イギリスのジェヴォンズが、ほぼ同時に限界効用に関する理論を発表した（限界革命[p218]）。

財・サービスの価格は効用で決まる

❸ 彼らは、財・サービスを追加で1単位消費した時の効用（満足度）は、
数が増えるごとに下がっていくことを提唱した（限界効用逓減の法則[p43]）。

❹ また限界の概念を供給側にも導入し、生産要素の投入量の増加によって、
生産量は増えるが、1単位増えたことによる増加幅は、
徐々に小さくなる（限界生産逓減の法則[p56]）と主張した。

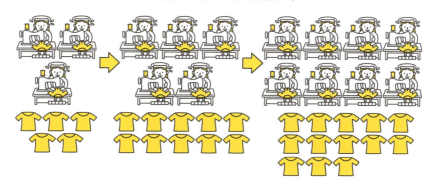

❺ マクロ経済学[p30]では、セイの法則[p206]である、
「供給側が国民所得を決定する」と考える、サプライサイド経済学を展開した。

❻ したがって、不況が起こっても一時的なものなので、市場に任せておけば
価格メカニズムが働いて完全雇用になり経済は安定するから、
政府は必要以上に経済に介入すべきでなく、「小さな政府」がよいと考えた。

新自由主義 [Neoliberalism]

1980年代以降に、世界的に主流となった経済思想や政策の潮流のこと。政府などによる規制の最小化と、自由競争を重んじる考え方である。

● この新自由主義の考え方を主張した経済学者として、
ミルトン・フリードマン[p276]、フリードリヒ・ハイエク[p272]などがいる。

M・フリードマン

F・ハイエク

1 古典派経済学[p284]は、絶対王政が背景となり、国家が肥大化していることに対して批判し、市場の自由競争を唱えた経済学であった。

2 フリードマンによると、この新自由主義は、政府による規制や過度な社会保障、福祉、富の再分配が、政府の肥大化を招いていると主張した経済学である。

3 新自由主義の経済学者たちは、規制の緩和、福祉の削減、財政の緊縮などを主張した。

4 よって、ケインズ[p266]学派による有効需要政策を批判し、政府は市場経済への介入を抑制するべきだと考えた。

5 アメリカでは、レーガン大統領によって1980年代に実行された「レーガノミクス」がこの新自由主義に基づく政策である。小さな政府を掲げ、福祉や公共サービスを縮小し、公営事業を民営化し、規制を緩和して競争を促進した。

6 また日本では、2001年に発足した小泉内閣が掲げた「聖域なき構造改革」の考え方の根底に、この新自由主義がある。郵政事業や道路公団を民営化するなど、「官から民へ」の構造改革が行われた。

リバタリアニズム [Libertarianism]

個人の自由を絶対的に重視し、それに制約を加える国家の役割を最小限度にとどめようとする自由至上主義の思想。経済的自由を重視する点においては、新自由主義[p288]と似ている。リバタリアニズムを主張する人を、リバタリアンという。

● 経済面でリバタリアニズムを唱えた主な学者として、フリードリヒ・ハイエク[p272]やミルトン・フリードマン[p276]らがいる。

F・ハイエク

M・フリードマン

① リバタリアニズムは、経済面での国家の関与を否定し、市場経済における選択の自由を主張する、フリードマンの理論に基づいている。

② ただ、リバタリアニズムはそれだけでなく、社会的な自由、たとえば権威への不服従、婚姻制度の廃止、麻薬や銃器の是認、徴兵制と福祉の廃止なども唱えている。

❸ また、個人は絶対的に自由で、国家はあくまで他者の自由を誰かが侵害するのを
防ぐ役割程度にとどめるべきだ、と主張する。つまり、個人の自由を最大化するために、
国家はできる限り役割を少なくし、民間に委ねるべきだと考えた。

❹ リベラリズム（自由主義）は、基本的に自由を尊重するが、弱者や貧困者が
その境遇の結果、自由な選択肢を取れない場合に、政府による法的な規制や
富の再分配という形で個人に介入することを肯定する。

❺ しかしリバタリアニズムは、国家は個人の自由が侵害されないように、監視する役割に
留まるべきで、徴税による富の再分配を国家権力が強制するべきでない、と主張する。
よって裕福な者から莫大な税金を徴収し、貧しい者に分配するのも間違いだと考える。

❻ また、リバタリアニズムは社会的な自由、個人の自由を尊重する考えなので、
社会主義が主張する計画経済や、
国民をあらゆる面で規制しようとする全体主義を否定する。

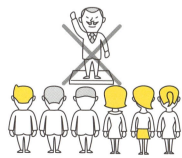

世界恐慌 〔World Economic Crisis〕

1929年から1933年にかけて、世界中で起こった経済的な不況のこと。企業の倒産、銀行の閉鎖、失業者が増加した。

① 1914年から始まった第一次大戦中に、アメリカは主戦場となっていたヨーロッパに軍事物資などを数多く輸出し、大きな利益を出していた。戦後になると、荒廃したヨーロッパに取って代わり、アメリカが世界経済の中心となっていた。

② アメリカ国内では工業、とくに自動車産業が盛んになった。道路網の整備に伴い、郊外に住宅が広がったのも追い風となり、経済がどんどん発展していった。

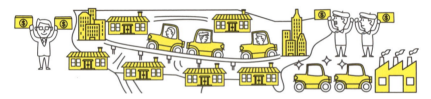

③ そんな好景気なアメリカの企業に、国内はもちろん世界中の投資家が注目し、株価が値上がって投機熱が高まり、バブル[p162]状態になっていた。

④ しかし、ヨーロッパが復興を始めると、今までアメリカからヨーロッパへ輸出していた農作物や工業生産品の注文が激減する。

❺ また、当時アメリカは自国の産業を守るため、海外からの輸入品に高い関税[p242]を
かけていたが、他国もアメリカからの輸入品に高い関税をかけたので、
アメリカの輸出産業が振るわなくなる。

❻ 貿易の不振に合わせて、企業の過剰な設備投資を伴った生産の過剰や、
農作物の過剰生産による価格の下落、それらに伴う失業者の増加が起きた。

❼ 投資家たちは、自分の所有する株の暴落を恐れ、大量の株を一挙に売ろうとした。
その結果、1929年10月24日（暗黒の木曜日）に、株価の大暴落が起きた。
それに伴い多数の企業や工場が倒産し、失業者が急増した。

❽ 当時、アメリカ経済への依存度が高かった他の国々も、この大暴落の影響を受けて、
世界恐慌へと繋がった。

その後アメリカでは、1933年に大統領になったF・ルーズヴェルトが、「ニューディール政策」を掲げ、公共事業を立ち上げるなど、政府が積極的に経済に介入するなどし、雇用を生み出して国内の購買力を高めよう、という政策をとった。

リーマン・ショック
[The Financial Crisis]

2008年9月に、アメリカの投資銀行リーマン・ブラザーズが経営破綻。それが影響して、世界中で株価の暴落が引き金となって起きた、金融危機と世界同時不況のこと。

① リーマン・ブラザーズは、1850年にリーマン3兄弟が設立した、アメリカで当時第4位の投資銀行で、この会社の経営破綻の引き金になったのは、低所得者向けの住宅ローン「サブプライムローン」である。

② これは、一般の金融機関ではローンを組めない低所得者向けのもので、低所得者でも自分の家がもてる、というとても魅力的なものであった。

③ そのローンが人気を呼び、アメリカでは住宅建設ブームになり、土地の値段が上がり、これからも土地の値段が上がるだろうと、多くの人がこぞって家を建てた。

④ しかしサブプライムローンは、最初は通常の金利であるが、時期が経つと金利が上がる仕組みになっていて、その仕組みで貸す側はリスクを軽減していた。

❺ サブプライムローンを組んでいた低所得者は、最初はローンを返済していたが、金利が上がり出すと支払いが困難になり、住宅を売却するようになった。

❻ ここで問題になったのが、住宅ローンの仕組みである。日本では、住宅を売ってもローンが残っていれば支払う義務があるが、サブプライムローンは、住宅を担保にかけておけば、売った時にローンを支払う必要がなくなる仕組みであった。

❼ この状況の中、ローンが回収できなくなった銀行の不良債権が拡大した。それだけでなく、サブプライムローンは証券化され、欧米の投資家が保有していたことから、アメリカの住宅バブルの崩壊は、世界中の金融機関を巻き込んでいった。

❽ そしてリーマン・ブラザーズは倒産し、金融不安から、ニューヨークの株式市場が大暴落した。その影響で、世界中の株式市場が大打撃を受けた。

INDEX

ABC

GDP（国内総生産）【じーでぃーぴー】 ………… 122

GDPデフレーター【じーでぃーぴーでふれーたー】 131

GNP（国民総生産）【じーえぬぴー】 ………… 124

IS-LMモデル【あいえす-えるえむもでる】 …… 168

NDP（国内純生産）【えぬでぃーぴー】 ……… 125

NI（国民所得）【えぬあい】 ……………… 133

NNP（国民純生産）【えぬえぬぴー】 ……… 125

SNA（国民経済計算）【えすえぬえー】 …… 126

あ

インセンティブ【いんせんてぃぶ】 ……………… 16

インフレーション【いんふれーしょん】 ……… 156

円高【えんだか】 ……………………… 210

円安【えんやす】 ……………………… 212

か

外国為替【がいこくかわせ】 ……………… 245

外国為替相場【がいこくかわせそうば】 ………… 245

外部経済【がいぶけいざい】 ………………… 90

外部不経済【がいぶふけいざい】 …………… 91

価格【かかく】 ……………………… 100

価格の自動調節機能
【かかくのじどうちょうせつきのう】 ……………… 117

家計【かけい】 ……………………… 19

寡占【かせん】 ……………………… 85

価値【かち】 ……………………… 16

価値の逆説【かちのぎゃくせつ】 …………… 17

株式会社【かぶしきがしゃ】 ………………… 27

貨幣【かへい】 ……………………… 152

可変比率の法則【かへんひりつのほうそく】 ………… 64

カルテル【かるてる】 ……………………… 88

関税【かんぜい】 ……………………… 242

完全競争市場【かんぜんきょうそうしじょう】 ………… 70

機会費用【きかいひよう】 …………………… 26

企業【きぎょう】 ……………………… 52

企業物価指数（CGPI）【きぎょうぶっかしすう】 …… 138

希少性【きしょうせい】 …………………… 12

キチンの波【きちんのなみ】 ……………… 230

ギッフェン財【ぎっふぇんざい】 …………… 50

供給曲線【きゅうきゅうきょくせん】 ………… 38

供給【きょうきゅう】 …………………… 35

供給サイド経済学【きょうきゅうさいどけいざいがく】 … 203

供給の弾力性【きょうきゅうのだんりょくせい】 ……… 41

供給の法則【きょうきゅうのほうそく】 ………… 36

銀行【ぎんこう】 ……………………… 153

均衡価格【きんこうかかく】 ……………… 118

金融【きんゆう】 ……………………… 152

クズネッツの波【くずねっつのなみ】 ………… 233

クラウディング・アウト効果
【くらうでぃんぐ・あうとこうか】 ……………… 182

景気【けいき】 ……………………… 196

景気循環【けいきじゅんかん】 …………… 198

景気動向指数【けいきどうこうしすう】 ……… 197

経済学【けいざいがく】 …………………… 12

経済主体【けいざいしゅたい】 ……………… 21

経済循環【けいざいじゅんかん】 …………… 20

経済成長【けいざいせいちょう】 …………… 140

経済成長と生産性
【けいざいせいちょうとせいさんせい】 ……………… 22

経済成長率【けいざいせいちょうりつ】 ……… 140

ケインズ、ジョン・メイナード
【けいんず、じょん・めいなーど】 …………… 266

ゲーム理論【げーむりろん】 ………………… 94

限界革命【げんかいかくめい】 …………… 218

限界効用【げんかいこうよう】 ……………… 42

限界効用逓減の法則
【げんかいこうようていげんのほうそく】 ……………… 43

限界収入【げんかいしゅうにゅう】 …………… 62

限界生産逓減の法則
【げんかいせいさんていげんのほうそく】 …………… 56

限界生産物【げんかいせいさんぶつ】 ………… 53

限界費用【げんかいひよう】 ………………… 44

限界分析【げんかいぶんせき】 ………………… 58

減価償却費【げんかしょうきゃくひ】 ………… 65

割引現在価値【げんざいわりびきかち】 ……… 109

公共財【こうきょうざい】 …………………… 104

公債【こうさい】 ……………………………… 186

合成の誤謬【ごうせいのごびゅう】 …………… 209

行動経済学【こうどうけいざいがく】 ………… 220

効用【こうよう】 ……………………………… 18

コースの定理【こーすのていり】 …………… 105

国際分業【こくさいぶんぎょう】 …………… 249

固定為替相場【こていかわせそうば】 ……… 246

固定費【こていひ】 …………………………… 60

古典派経済学【こてんはけいざいがく】 …… 284

コンドラチェフの波【こんどらちぇふのなみ】 … 234

さ

財・サービス【ざい・さーびす】 …………… 13

最終生産物【さいしゅうせいさんぶつ】 …… 142

財政赤字【ざいせいあかじ】 ………………… 179

財政関税【ざいせいかんぜい】 ……………… 244

最適化行動【さいてきかこうどう】 ………… 15

差別財【さべつざい】 ………………………… 93

サミュエルソン、ポール
【さみゅえるそん、ぼーる】 ………………… 274

サミュエルソンの公式
【さみゅえるそんのこうしき】 ……………… 114

三面等価の原則【さんめんとうかのげんそく】 … 148

資源配分【しげんはいぶん】 ………………… 75

資産効果【しさんこうか】 …………………… 228

支出国民所得【ししゅつこくみんしょとく】 … 144

市場【しじょう】 ……………………………… 20

市場価格【しじょうかかく】 ………………… 118

市場均衡【しじょうきんこう】 ……………… 100

市場の外部性【しじょうのがいぶせい】 …… 99

市場の失敗【しじょうのしっぱい】 ………… 89

市場メカニズム【しじょうめかにずむ】 …… 119

実質GDP【じっしつじーでぃーぴー】 ……… 130

実質経済成長率
【じっしつけいざいせいちょうりつ】 ……… 141

私的財【してきざい】 ………………………… 104

ジニ係数【じにけいすう】 …………………… 80

社会的余剰【しゃかいてきよじょう】 ……… 74

自由市場経済【じゆうしじょうけいざい】 … 21

重商主義【じゅうしょうしゅぎ】 …………… 282

囚人のジレンマ【しゅうじんのじれんま】 … 96

自由貿易【じゆうぼうえき】 ………………… 250

需給ギャップ【じゅきゅうぎゃっぷ】 ……… 116

需給均衡（均衡点）【じゅきゅうきんこう】 … 39

ジュグラーの波【じゅぐらーのなみ】 ……… 232

需要【じゅよう】 ……………………………… 35

需要曲線【じゅようきょくせん】 …………… 37

需要サイド経済学【じゅようさいどけいざいがく】 … 204

需要と供給【じゅようときょうきゅう】 …… 34

需要の弾力性【じゅようのだんりょくせい】 … 40

需要の法則【じゅようのほうそく】 ………… 36

準備預金制度【じゅんびよきんせいど】 …… 164

シュンペーター、ヨーゼフ
【しゅんぺーたー、よーぜふ】 ……………… 268

乗数効果【じょうすうこうか】 ……………… 176

消費関数【しょうひかんすう】 ……………… 172

消費者物価指数（CPI）
【しょうひしゃぶっかしすう】 ……………… 135

消費者余剰【しょうひしゃよじょう】 ……… 73

情報の非対称性
【じょうほうのひたいしょうせい】 ………… 112

所得【しょとく】 ……………………………… 143

所得効果【しょとくこうか】 ………………… 45

所得の再分配【しょとくのさいぶんぱい】 … 145

新古典派経済学【しんこてんはけいざいがく】 … 286

新自由主義【しんじゆうしゅぎ】 …………… 288

INDEX

信用創造【しんようそうぞう】……………192

垂直貿易【すいちょくぼうえき】………………248

水平貿易【すいへいぼうえき】………………248

スタグフレーション【すたぐふれーしょん】……161

ストック【すとっく】……………………128

スミス、アダム【すみす、あだむ】…………254

生産可能性フロンティア
【せいさんかのうせいふろんてぃあ】…………28

生産関数【せいさんかんすう】………………58

生産国民所得【せいさんこくみんしょとく】…………143

生産者物価指数（PPI）
【せいさんしゃぶっかしすう】…………139

生産者余剰【せいさんしゃよじょう】…………72

生産要素【せいさんようそ】………………15

生産理論【せいさんりろん】………………99

正常財（上級財）【せいじょうさい】…………47

セイの法則【せいのほうそく】………………206

世界恐慌【せかいきょうこう】………………292

絶対的剰余価値【ぜったいてきじょうよかち】………222

絶対優位【ぜったいゆうい】………………239

相対的剰余価値【そうたいてきじょうよかち】……224

総供給【そうきょうきゅう】………………200

総供給曲線【そうきょうきゅうきょくせん】…………201

総収入【そうしゅうにゅう】………………62

総需要【そうじゅよう】………………200

総需要曲線【そうじゅようきょくせん】…………202

総費用【そうひよう】………………59

損益分岐点【そんえきぶんきてん】…………63

た

代替効果【だいたいこうか】………………46

代替財【だいたいざい】………………49

単位弾力的【たんいだんりょくてき】…………42

中央銀行【ちゅうおうぎんこう】…………154

中間生産物【ちゅうかんせいさんぶつ】………142

デフレーション【でふれーしょん】…………159

デフレスパイラル【でふれすぱいらる】………160

同質財【どうしつざい】………………92

独占【どくせん】………………85

独占禁止法【どくせんきんしほう】…………92

独占的競争【どくせんてききょうそう】………86

独占度（マージン率）【どくせんど】…………84

特化【とっか】………………24

富【とみ】………………19

トレード・オフ【とれーど・おふ】…………25

な

ナッシュ均衡【なっしゅきんこう】…………95

ニーズと欲求【にーずとよっきゅう】…………14

は

ハイエク、フリードリヒ【はいえく、ふりーどりひ】……272

ハイパー＝インフレーション
【はいぱー＝いんふれーしょん】…………158

ハイパワード・マネー【はいわぱーど・まねー】…187

バブル経済【ばぶるけいざい】………………162

パレート最適【ぱれーとさいてき】…………76

バローの中立命題【ばろーのちゅうりつめいだい】…190

比較優位【ひかくゆうい】………………240

ピグー税【ぴぐーぜい】………………103

ピケティ、トマ【ぴけてぃ、とま】…………280

1人あたりGDP
【ひとりあたりじーでぃーびー】…………132

費用【ひよう】………………25

費用曲線【ひようきょくせん】………………59

ビルト・イン・スタビライザー
【びると・いん・すたびらいざー】…………180

フォークの定理【ふぉーくのていり】…………98

付加価値【ふかかち】………………155

不完全競争【ふかんぜんきょうそう】…………74

物価【ぶっか】………………134

物価指数【ぶっかしすう】………………134

負の所得税（正の所得税）
【ふのしょとくぜい（せいのしょとくぜい）】…………166

プライステイカー【ぷらいすていかー】……… 69

プライスメーカー【ぷらいすめーかー】……… 81

プライスリーダー【ぷらいすりーだー】……… 82

フリードマン、ミルトン

【ふりーどまん、みるとん】……… 276

フロー【ふろー】……… 128

分業【ぶんぎょう】……… 23

分配国民所得【ぶんぱいこくみんしょとく】……… 144

ベッカー、ゲーリー【べっかー、げーりー】……… 278

変動為替相場【へんどうかわせそうば】……… 246

変動費【へんどうひ】……… 61

貿易【ぼうえき】……… 247

貿易赤字【ぼうえきあかじ】……… 251

貿易黒字【ぼうえきくろじ】……… 251

補完財【ほかんざい】……… 52

保護関税【ほごかんぜい】……… 243

保護貿易【ほごぼうえき】……… 250

ま

マーシャル、アフルレッド

【まーしゃる、あるふれっど】……… 264

マクロ経済学【まくろけいざいがく】……… 30

マネタリズム【まねたりずむ】……… 205

マルクス、カール【まるくす、かーる】……… 262

マルサス、トマス【まるさす、とます】……… 258

ミクロ経済学【みくろけいざいがく】……… 30

ミザリー指数【みざりーしすう】……… 199

3つの生産段階【みっつのせいさんだんかい】……… 54

ミル、ジョン・スチュアート

【みる、じょん・すちゅあーと】……… 260

名目GDP【めいもくじーでぃーびー】……… 129

名目経済成長率

【めいもくけいざいせいちょうりつ】……… 141

モラル・ハザード【もらる・はざーど】……… 108

や

夜警国家【やけいこっか】……… 102

有効需要の原理【ゆうこうじゅようのげんり】……… 165

輸出品【ゆしゅつひん】……… 238

輸入品【ゆにゅうひん】……… 238

輸入割当制【ゆにゅうわりあてせい】……… 242

ら

ラッファー曲線【らっふぁーきょくせん】……… 208

リーマン・ショック【りーまん・しょっく】……… 294

利益最大化生産量

【りえきさいだいかせいさんりょう】……… 68

リカード、デヴィッド【りかーど、でづぃっど】……… 256

リカードの中立命題

【りかーどのちゅうりつめいだい】……… 188

利潤の最大化【りじゅんのさいだいか】……… 66

リバタリアニズム【りばたりあにずむ】……… 290

流動性選好説【りゅうどうせいせんこうせつ】……… 226

流動性の罠【りゅうどうせいのわな】……… 184

量的緩和【りょうてきかんわ】……… 214

累進課税制度【るいしんかぜいせいど】……… 146

レッセ・フェール【れっせ・ふぇーる】……… 101

劣等財（下級財）【れっとうざい】……… 48

レント【れんと】……… 77

労働価値説【ろうどうかちせつ】……… 216

労働市場の均衡

【ろうどうしじょうのきんこう】……… 194

ローレンツ曲線【ろーれんつきょくせん】……… 78

ロビンス、ライオネル

【ろびんす、らいおねる】……… 270

299

著者 花岡幸子 (はなおか・さちこ)

大和証券投資戦略部長。東京大学経済学部卒業。大和証券入社。大和総研企業調査部、大和証券投資情報部、商品企画部などを経て、現在に至る。『最新版 アメリカの高校生が学ぶ経済学 原理から実践へ』(ゲーリー・E・クレイトン／著、山﨑政昌／共訳、小社刊)『経営分析ハンドブック』(かんき出版)など著書多数。

イラスト 浜畠かのう (はまばたけ・かのう)

現代デザイン研究所、セツ・モードセミナー卒業。デザイン会社に勤務後、2008年からフリー活動を開始。ダイヤモンド社の投資関連書籍でのカバーイラストレーション、挿絵は7冊を超え、雑誌『ニッキンマネー』(日本金融通信社)では、投資や相続関連のコラムの挿絵を8年間にわたり担当。また経済関係以外では、『日本人と宇宙』(朝日新書)、『へんな星たち』(講談社ブルーバックス)など、宇宙関連書籍の挿絵でも活躍中。
ホームページ　www.vacancesclub.com

経済用語図鑑

2016年11月30日　第1版第1刷発行
2018年4月10日　　　　　第6刷発行

著者　　　花岡幸子
イラスト　浜畠かのう

発行者　玉越直人
発行所　WAVE出版
　　　　〒102-0074　東京都千代田区九段南3-9-12
　　　　TEL.03-3261-3713　FAX.03-3261-3823
　　　　振替00100-7-366376
　　　　info@wave-publishers.co.jp
　　　　http://www.wave-publishers.co.jp

印刷所　シナノ パブリッシング プレス

©Sachiko Hanaoka / Kanou Hamabatake 2016
Printed In Japan
落丁・乱丁本は送料小社負担にてお取り替えいたします。
本書の無断複写・複製・転載を禁じます。
ISBN978-4-86621-034-6
NDC330　300p　21cm

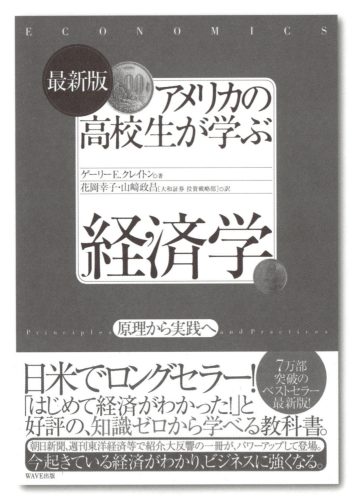

最新版
アメリカの高校生が学ぶ経済学

ゲーリー・E・クレイトン 著／花岡幸子・山﨑政昌 訳

定価 本体 2,400 円＋税／ A5 判 並製 352 ページ／ ISBN 978-4-87290-690-5

今起きている経済がわかり、ビジネスに強くなる一冊。「一見やさしそうであるにもかかわらず、経済学の本質を語っている」と大好評の経済学入門書。初心者の方はもちろん、改めて経済学を学ぼうとする社会人の方々にとっても、経済学の知識を実践に活かす上で、充分読みごたえのある内容です。